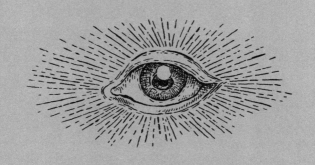

ORÁCULO

SEMRA HAKSEVER

GUÍA PARA RESPONDER
A LAS PREGUNTAS VITALES
DEL YO SUPERIOR

MÁGICO

cincotintas

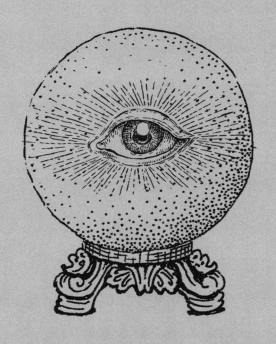

BIENVENIDO
AL ORÁCULO

En estas páginas encontrarás orientación a través de mensajes, visualizaciones, rituales, hechizos y herramientas cósmicas, todos ellos creados con el deseo de poner magia instantánea en tu vida.

Creo que la magia puede tomar formas distintas y siempre persigue el único propósito de modificar energías e inspirarte para que vibres en una frecuencia más alta. Mi intención con este oráculo es presentarte cada página como una invitación mágica del cosmos. Al hojear el libro, confía en tu subconsciente y ten fe en el universo y el oráculo para que te guíen hasta aquello que necesitas ver en el momento exacto.

Deja que el oráculo te ofrezca su intuición y te brinde inspiración. Acepta de buen grado los consejos de quererte y tratarte bien, y recuerda que la resistencia o incomodidad que sientas al abrirlo por una página concreta sea quizás precisamente el motivo por el que has llegado a ella. Dar con un mensaje en el momento adecuado es una herramienta poderosa que puede cambiarte la vida.

He recurrido muchas veces a oráculos y péndulos en busca de orientación y confirmación de mis intuiciones, de modo que es un honor para mí ofrecer este oráculo con un giro de mi propia magia.

Que este oráculo te conecte con tu sabiduría interior y despierte tu magia.

Con cariño,
Semra

CÓMO USAR EL ORÁCULO

Como ocurre con todas las herramientas místicas, es importante conectar con la energía del oráculo antes de formular una pregunta. Para ello:

1. Sujeta el libro con la mano menos dominante y golpéalo tres veces con los nudillos de la otra mano. Así lo limpiarás de energías ajenas y lo conectarás con tu energía.

2. Luego, sujeta el libro con ambas manos y piensa tu pregunta, centrándote en una sola cosa a la vez. Puedes formularla en voz alta, susurrarla al oráculo o cerrar los ojos y visualizar lo que deseas preguntar.

   Acrecienta sus poderes con estas palabras:

   «Oráculo mágico, ofréceme
   magia y sabiduría para ver bien.
   Hacia las respuestas que busco,
   oriéntame y guíame.
   Para las respuestas que deseo,
   apelo a tu secreto poder».

3. Gira el libro tres veces en el sentido de las agujas del reloj.

4. Ahora, decidirás cómo eres guiado hacia tu mensaje: puedes abrir el libro por una página cualquiera, o pasar páginas hacia delante o hacia atrás y detenerte en la que quieras, o empezar por el centro e ir pasando páginas. Lo principal es que hagas lo que te haga sentir bien. Si confías en la energía que te dirige, te detendrás en el lugar exacto que necesitas.

El oráculo puede dirigirte hacia un mensaje, y estos mensajes suelen comprenderse de inmediato. No obstante, si no notas una conexión enseguida, recurre a la intuición. Toma una foto del mensaje y léelo más tarde: seguramente entonces te transmitirá algo.

Debes saber que estos mensajes poseen el poder de modificar energías y ayudarte a ver las cosas con mayor claridad.

Si el oráculo te lleva a una visualización, te llama a conectar con la magia y sabiduría de tu interior, y eso debería servir de recordatorio del poder que está dentro de ti. Solo debes cerrar los ojos y visualizar otro lugar, lo cual puede consistir en imaginar una versión futura de ti mismo, fruto de todas las manifestaciones, o en conjurar el poder de la imaginación. Recuerda que la magia reside en el interior de cada uno.

Tal vez el oráculo te guíe hacia un ritual. Sé que algunos no parecerán instantáneos, pero es probable que el oráculo sugiera el hechizo para que te tomes un respiro y hagas las cosas con más calma. En el ajetreo de nuestras vidas, el poder de un ritual reside en que nos ofrece un momento para detenernos y ser plenamente conscientes de lo que hacemos. Según mi experiencia, no hay nada como un ritual para estar presente en el momento. Recuerda: es un instante para la conciencia plena y para dedicar tiempo a un objetivo específico.

Finalmente, es posible que vayas a parar a una página con un símbolo. En tal caso, solo debes cerrar los ojos y pensar en lo que significa para ti ese símbolo. Es un momento para conectar con tu intuición y trabajar los poderes psíquicos.

Aviso:
Si, por alguna razón, no conectas con el hechizo, no lo fuerces. Simplemente cierra los ojos y pregunta de nuevo al oráculo.

INGREDIENTES
Y HERRAMIENTAS

Dada la naturaleza del presente oráculo, que se basa en la magia instantánea, los ingredientes mágicos necesarios son mínimos. No obstante, precisarás algunas cosas para realizar los hechizos (muchas son fáciles de encontrar):

Un imán

Una llave

Una moneda brillante

Velas (de diversos colores,
si es posible)

Hilos de diferentes colores

Carbón caliente

Un quemador de incienso
o plato metálico

Un tarro de cristal

Hojas de laurel

Clavo de olor

Aceite de oliva
o de almendra

Aceite de girasol

Tomillo

Menta

Manzanilla

Pimienta

Semillas de apio

Limones

Sal

Romero

Salvia

Azúcar

Ramitas de canela

Miel

Bolígrafo y papel

Vinagre

Cerillas o un mechero

Un espejito

Un anillo de oro o plata

Una planta en maceta

Papel vegetal

Clavos

Observa una planta
y ponle nombre. Tócala,
háblale, acaríciala,
estúdiala y piérdete
en su belleza verde.
Nota sus vibraciones
mágicas y agradécele
que esté viva. (Si no
tienes una planta, esta
es la señal para que
salgas a comprar una,
¡cuanto antes!).

Te rodea un equipo de ángeles de la guarda que te envían señales para que sepas que te quieren y te protegen. Cuando abriste por esta página, ¡todos saltaron de alegría! Quieren recordarte que busques las señales que te envían.

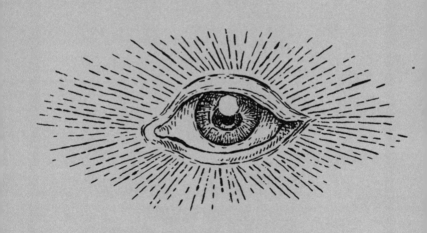

El oráculo quiere
que tengas claras tus
intenciones; mastica
semillas de apio para
conseguir la máxima
concentración.

Tus guardianes desean
recordarte que te
quieren y te protegen.
Cierra los ojos y siente
su presencia.

RETO PARA TU INTUICIÓN: UNA PUERTA

¿Qué significa una puerta para ti?

¿Cómo conectas con esta imagen?

Si te encallas,
en la página 508 encontrarás algunas ideas.

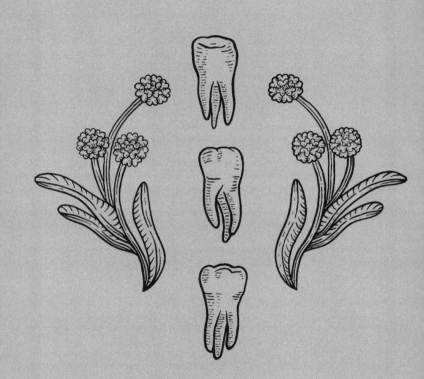

Relájate y actúa como si
ya tuvieras lo que deseas
que se manifieste,
y fluirá hacia ti.

MANTENIMIENTO
ENERGÉTICO

Has venido a parar a esta página porque hay energía
estancada que te bloquea y bloquea tu campo energético.
A veces, al pasar una época difícil o haber estado en
contacto con energías pesadas, se hace necesario sacudir
nuestras vibraciones para que todo siga en marcha.

RECUERDA

Los sonidos son vibraciones
y el ruido varía las frecuencias.

algo para hacer ruido, como una campana, un cuenco, un tambor, una caja de cerillas, un cazo y una cuchara de madera; o bien puedes aplaudir con las manos.

1. Siéntate o ponte de pie con ambos pies en el suelo y prepárate para sacudir, golpear o aplaudir para hacer ruido y modificar así tu energía corporal. Si notas la voz bloqueada y que no te han dejado hablar últimamente, acerca el ruido a tu garganta.

2. Al provocar estos sonidos, cierra los ojos y visualiza cómo se modifica la energía. Observa si tiene color e imagina que se evapora; mira cómo desaparece y siente que se transforma en una luz brillante plateada. Nota cómo eso te refresca y te aligera. Puedes alargar el ritual y hacer ruido por la casa, bajo la cama, en armarios y cajones, como harías si limpiaras con salvia.

Imagina un gatito peludo. Piensa en lo cuidadoso y cariñoso que serías con una criatura tan adorable. Ahora dirige la misma energía hacia ti y trátate igual que al dulce gatito.

RETO PARA
TU INTUICIÓN:
UN ANILLO

¿Qué significa
un anillo para ti?

¿Cómo conectas
con esta imagen?

Si te encallas,
en la página 508 encontrarás algunas ideas.

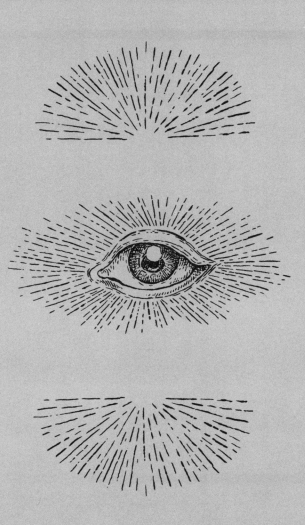

Crea espacio en tu
vida para observar tus
sentimientos
en silencio.

Concéntrate en el ritmo
de tu respiración, sigue
su viaje de entrada
y salida. Nota cómo
te sientes.

¿Qué surge? No le des
vueltas ni lo juzgues,
solo escúchate.

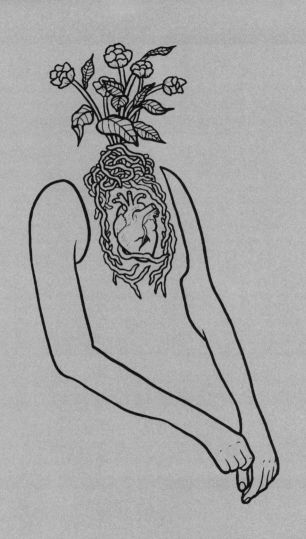

¡GRAN DESCUBRIMIENTO A LA VISTA!

Cargas con una vieja
culpa. Es hora de
librarte de ella.

Suéltala.

HABLA MENOS Y ESCUCHA MÁS.

Hay algo que debe sanar y que te está frenando.

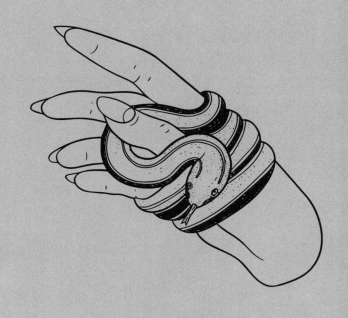

¿ESTÁS PRESTANDO ATENCIÓN A LAS SEÑALES?

INTUICIÓN
A LA VISTA

✦

Tu intuición te ha conducido hasta esta página
para pedirte que recurras a su poder.

bolígrafo y papel (opcional)

1. Cierra los ojos y respira hondo unas cuantas veces.

2. Cuando tu respiración se normalice y te sientas tranquilo, golpea suavemente tu tercer ojo con los dedos índice y corazón.

3. Hazlo unos momentos y observa qué es lo primero que te viene a la mente. Podría ser un mensaje directo, una forma, un color o una sensación física.

4. Si lo deseas, toma bolígrafo y papel, cierra los ojos y escribe con la mano menos dominante (la escritura con esta mano activa el hemisferio derecho del cerebro, que conecta con el subconsciente y las capacidades psíquicas).

EMITIDO POR EL ORÁCULO MÁGICO

Núm. 001

FECHA: Ahora

CADUCIDAD:

VALE DE PERMISO

IX
VALE DE PERMISO

No tienes
que ser perfecto.

USARLO AHORA

43

Se presentarán las
mismas pruebas hasta
que se aprendan
las lecciones.

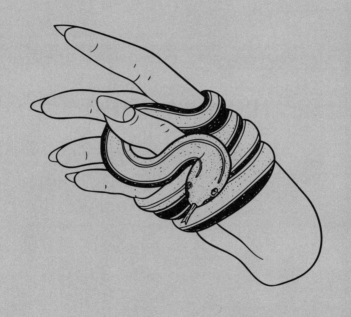

¡POCO A POCO!

Vas demasiado
rápido.

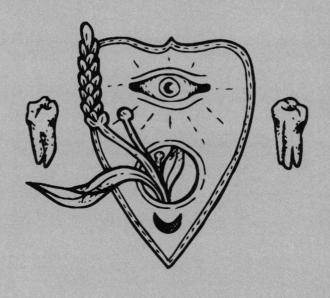

MANIFIESTA EXPANSIÓN.

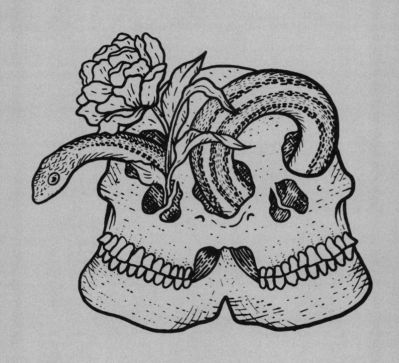

Practica compasión
total hacia TODOS
durante las próximas
24 horas.

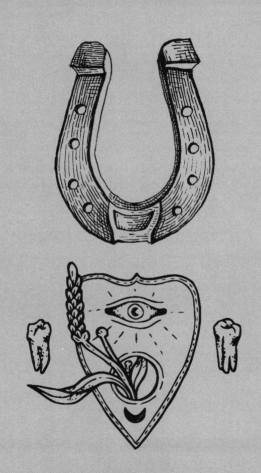

BENDICIONES A LA VISTA

Cuando bendices tus bendiciones,
las amplificas. Usa el poder de tus bendiciones
para atraer más.

NECESITAS

dos ramitas de canela, hilo o lana amarilla,
una vela, cerillas o un mechero

1. Toma dos ramitas de canela e hilo amarillo.

2. Ata el hilo alrededor del centro de las ramitas de canela y únelas, con el nudo hacia ti.

3. Ata nueve nudos en total y, con cada uno, cuenta una de tus bendiciones.

4. Una de las ramitas de canela representa las bendiciones de las que ya gozas y la otra representa las que llamas.

5. Una vez atados los nudos, quema las ramitas de canela por ambos extremos y expresa tus deseos al humo.

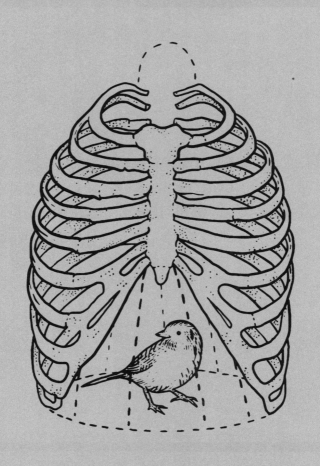

El oráculo te reta a
confiar tanto en el
universo que dejes de
alterarte cuando las
cosas no salgan
a tu manera.

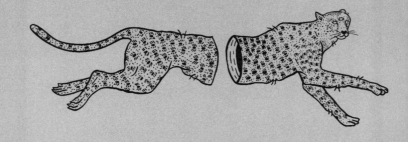

ALERTA DE ESCAPE DE ENERGÍA

Estás aquí porque debes observar tu flujo de energía. ¿Cansado, agotado, frustrado? Hora de hacer algo al respecto.

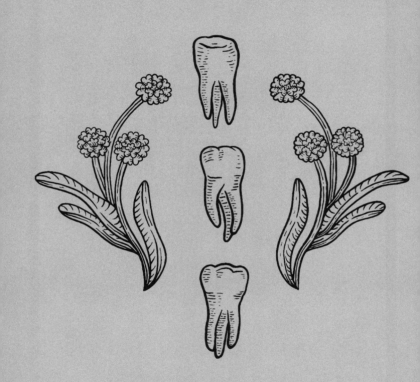

Borra, deja de seguir,
bloquea y continúa
tu camino.

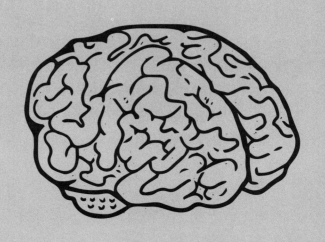

Comprueba qué consumes, para el cuerpo y para la mente.

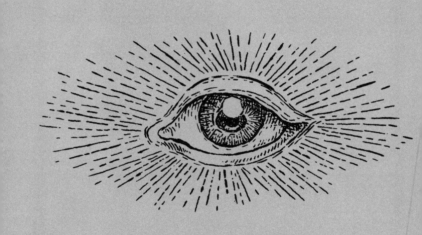

DESPRÉNDETE

La respuesta a tu pregunta está en un libro.
Toma el primer libro que veas (¡este no vale!).

1. Cierra los ojos y piensa en tu
    pregunta. Deja que el libro se abra
    por una página al azar y, con los ojos
    cerrados, guía y dirige el dedo índice
    para describir un círculo sobre las
    página abiertas, y sigue pronunciando
    tu pregunta.

2. Cuando te parezca, abre los ojos y
    mira hacia donde apunte el dedo.

3. Ahí está tu respuesta.

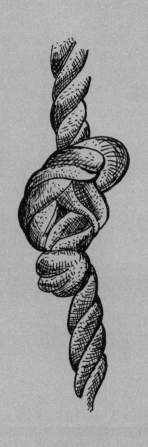

RETIRAR
OBSTÁCULOS

Puede que existan obstáculos entre tú
y lo que deseas atraer.

NECESITAS

un cuenco o tarro para remojar,
sal y un trozo de cuerda

1. Llena el cuenco o tarro con agua.
   Añade la sal y remueve.

2. Toma el trozo de cuerda y remójalo en
   el agua salada durante una hora o toda
   la noche.

3. Saca la cuerda y anúdala. Al atar
   el nudo, piensa en tu problema u
   obstáculo.

4. Deja que se seque, durante una hora
   o toda la noche.

5. Una vez seca, dedícate a deshacer
   el nudo. Al aflojarlo, el obstáculo
   empezará a desaparecer.

6. Cuando se deshaga el nudo, el
   obstáculo ya no estará.

MERECES
COSAS BUENAS.

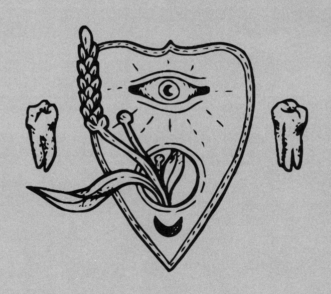

Confía en el misterio
del universo, que no
cesa de desplegarse.

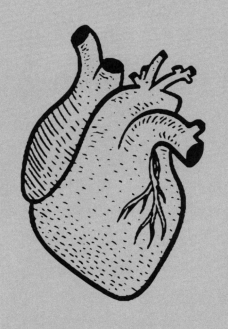

Experimentar todas las emociones es un superpoder. Recuerda cuándo te sentiste así por última vez:

La última vez que me sentí feliz _____.

La última vez que sentí miedo _____.

La última vez que me sorprendí _____.

La última vez que sentí tristeza _____.

La última vez que me enfadé _____.

La última vez que sentí pura alegría _____.

La última vez que me ilusioné _____.

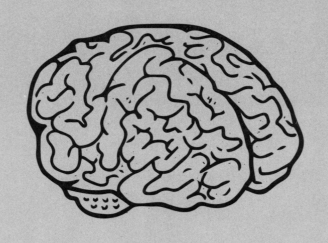

Obtén ayuda para tomar una decisión clara chasqueando los dedos 10 veces alrededor de la cabeza en el sentido de las agujas del reloj.

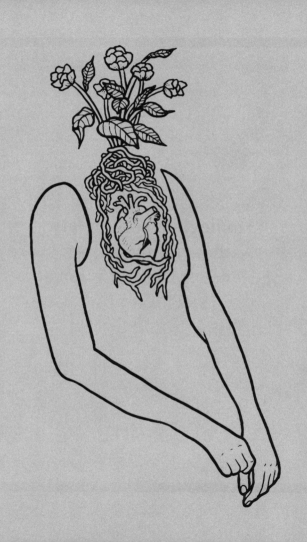

Ha llegado el momento
de dejar de querer
complacer a todo
el mundo.

PROBLEMAS DE APEGO

✧

Estás apegado a algo que es momento de dejar atrás. Podría
tratarse de una persona, una situación, una creencia que te limita
o un patrón de comportamiento. Es hora de cortar la cuerda.
Cuando nos libramos de lo que ya no nos sirve, creamos espacio
para lo que deseamos que ocurra.

Piensa qué es lo que deseas dejar atrás y lo que quieres
que se presente en su lugar.

NECESITAS
un trozo de cuerda, una vela blanca, cerillas o un mechero

1. Ata un nudo en el extremo izquierdo de la cuerda y, al hacerlo, piensa en lo que deseas que desaparezca. Ten presente que siempre es mejor abandonar con amor que con enfado o frustración.

2. Nota cómo, cuanto más tiras del nudo, más ligero te sientes.

3. Luego ata un nudo en el extremo derecho y, al hacerlo, siente lo que deseas que se presente. Siente la energía que traerá.

4. Al apretar el nudo, imagina que se acerca lo que deseas.

5. Cuando estés listo, enciende la vela, sujeta la cuerda de modo que el centro quede sobre la llama y, mientras quema, pronuncia estas palabras:

«A los poderes apelo
al cortar cuerdas,
Llama mágica, libérame de esta energía
negativa, y con cariño
lo que se ata a mí libero.
Sin hacer daño a nadie,
el mejor resultado pido. Que así sea».

Puedes dejar que queme el resto del extremo negativo y guardar el nudo de lo que deseas. Ponlo en tu altar o en una ventana orientada al este.

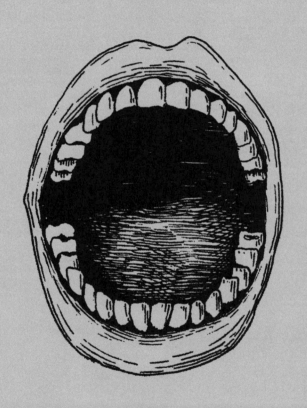

NO PASA NADA
POR TENER
OPINIÓN.

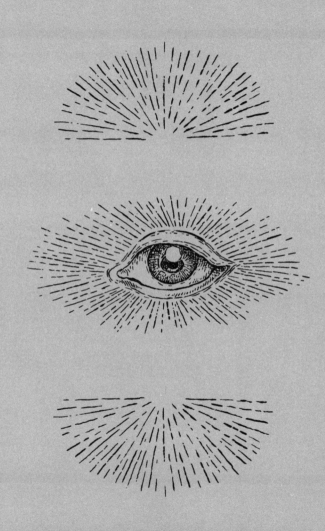

Distanciarte de esta
situación aportará
claridad.

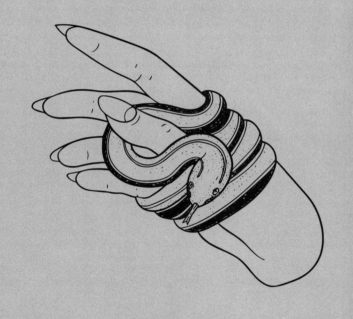

Pronto comprenderás
por qué el momento era
el indicado y por qué
las cosas salieron así.

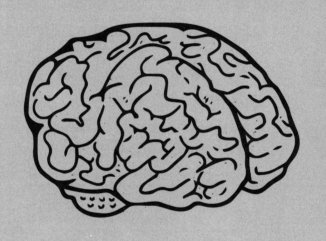

¡PIENSA
A LO GRANDE!

ENVÍAME UNA SEÑAL

NECESITAS

una hoja de laurel, un bolígrafo, cerillas o un mechero

1. Escribe la pregunta que deseas responder en una hoja de laurel.

2. Ponla sobre una llama y, mientras quema, pronuncia el encantamiento:

«Hoja de laurel, contéstame.
Muéstrame una señal de humo que pueda ver».

Si la hoja quema con facilidad,
la respuesta es un sí.

Si la hoja no quema y se resiste a arder,
la respuesta es un no.

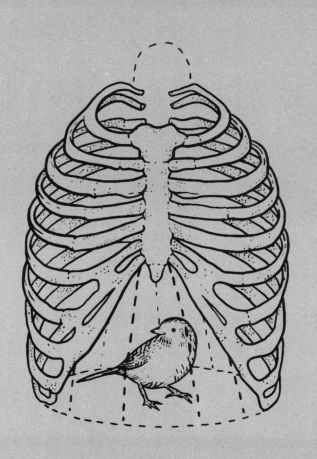

SÉ FIEL
A TI MISMO.

Suelta tu necesidad
de control. Solo cuando
te rindes, puedes
liberarte.

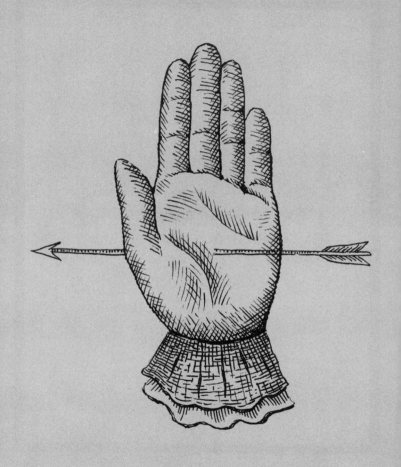

Deja de esperar
que pase algo malo.

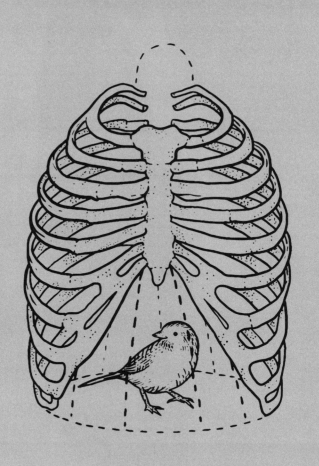

REPITE
11 VECES:

«Merezco
cosas buenas».

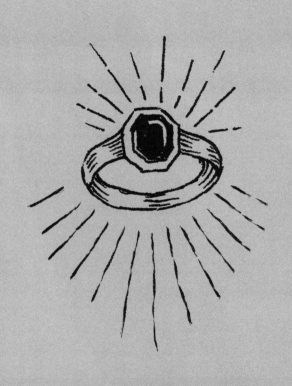

MAGIA DE METAL

Recurre al poder de este elemento mágico
para atraer la suerte.

NECESITAS
una planta en maceta, un anillo de oro o plata

1. Pon una planta de flor en un lugar de
   tu casa con orientación hacia el norte
   (un alféizar o el exterior). Hunde un
   anillo de oro o plata en la maceta.

2. Piensa en un deseo. Esto funciona
   mejor con un deseo nuevo, que
   no estuviera antes en tu lista de
   intenciones.

3. Por la mañana, toma el anillo y
   vuélvetelo a poner, y, al hacerlo,
   pronuncia estas palabras:

«Anillo de oro/plata,
tráeme suerte para mis deseos.
Te llevo cada día
para que mi intención consigas.
Lo mejor espero
y confío en el universo
con este anillo en mi dedo».

¡Chis!, el secreto
para que algo
se manifieste
es pensar
que ya lo tienes.

TEN FE
EN TU
EVOLUCIÓN.

RECUERDA:

En absoluto te sientas
culpable por poner
límites para proteger
tu energía.

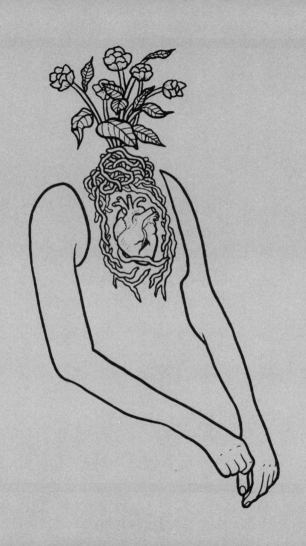

AGUA DE LUNA

✧

Vas a conectar con la energía actual de la luna. Nota: comprueba la fase lunar en internet o en alguna aplicación.

NECESITAS

un tarro de vidrio con agua filtrada

1. Deja el tarro en el exterior toda la noche para que se impregne de la energía lunar.

2. Comprueba la fase de la luna y haz lo siguiente:

✧ Si es luna llena, bebe el agua y formula un deseo.

✧ Si es menguante, viértete el agua sobre las manos y lávatelas de lo que deseas despedir.

✧ Si es nueva o creciente, es momento de manifestación. Bebe el agua y, con cada sorbo, formula una intención.

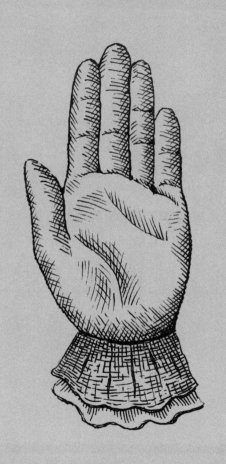

Acuérdate de lo lejos
que has llegado.

Deja de intentar convencer a los demás de tu valor: si no lo ven, no lo merecen.

111

El poder de
la sincronía te ha traído
a la página 111. Estos
números mágicos van a
traerte VIBRACIONES
MEGAPOSITIVAS.

Abrir el oráculo por la
página 111 es señal de
que todo saldrá bien.
Estás exactamente
donde necesitas estar.

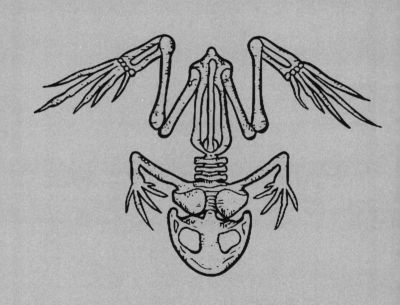

GRAN TRANSICIÓN A LA VISTA.

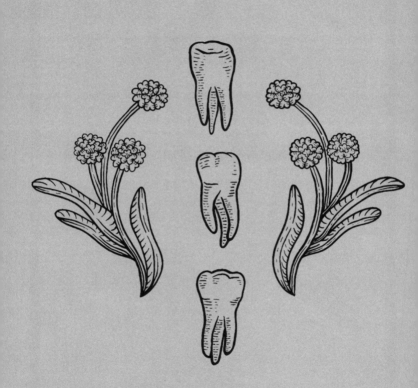

Deja de subestimar
el poder de tu don:
acéptalo y compártelo
con el mundo.

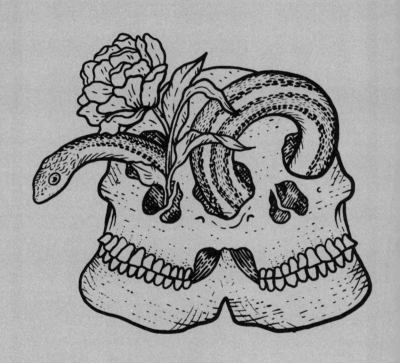

LA CURACIÓN
ESTÁ
SUCEDIENDO.

ORIENTACIÓN ESPIRITUAL

Conecta con la orientación espiritual
que llega a ti.

NECESITAS

una vela, cerillas o un mechero

1. Enciende la vela con orientación al este
    y pronuncia estas palabras:

    «Guía espiritual, ven a mí,
    con signos o señales
    de visión, protección o valentía:

    estoy abierto a tu guía.
    Que se produzca así».

2. Mantén bien abiertos los ojos: los signos,
    símbolos y sincronías se presentan en
    multitud de formas.

3. Fíjate en pensamientos que se te ocurran
    de repente, en cosas que se alinean de
    golpe o planes que se retrasan o cancelan.

4. Permanece abierto para descodificar con
    tu intuición estos mensajes mágicos que
    van a llegarte.

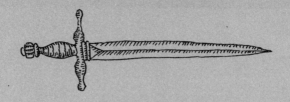

SANA Y SUELTA

❖

A veces, cuando las cosas se estancan, significa
que el universo nos da tiempo para sanar,
soltar o superar un momento difícil.

Has llegado a esta página porque es posible
que estés listo para que se empiecen a mover
las cosas y avancen tus planes.

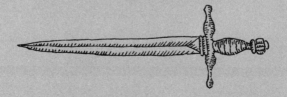

NECESITAS

un trozo de papel, sal, una botella de vinagre, un bolígrafo negro y una hoja de papel blanca

1. Escribe en el centro del papel lo que deseas dejar marchar.

2. Cubre las palabras escritas con sal.

3. Concéntrate en el papel y nota cómo la sal absorbe lo que has escrito.

4. Cuando quieras, vierte la sal en la botella de vinagre.

5. Rompe el trozo de papel en pedacitos y tíralos a la basura.

6. Tapa la botella de vinagre y agítala.

7. Al agitarla, nota que te libras, nota que el obstáculo se desintegra en el vinagre.

8. Cuando estés listo, echa el vinagre por el desagüe.

9. Abre el grifo para que descienda bien.

10. Ya estás libre de esta carga y las cosas volverán a ponerse en marcha.

NO LE DES
TANTAS VUELTAS.

NO TODO ES LUZ
Y AMOR.

RITUAL DE LUNA LLENA

Consigue que tus sueños se hagan realidad
con este ritual.

NECESITAS

un imán, siete clavos de olor, un sobre o trozo
de tela amarillo o papel de regalo

1. Durante la próxima luna llena, sal al
    exterior y dispón el imán rodeado de
    los clavos de olor.

2. Mira hacia la luna y formula tu deseo.

3. Trae al interior el imán y los clavos
    antes de que salga el sol y envuélvelos
    en el envoltorio amarillo. Al hacerlo,
    céntrate en el deseo que magnetizas
    hacia ti.

4. Lleva este recipiente mágico contigo
    durante el próximo ciclo lunar y el
    deseo se cumplirá antes de la próxima
    luna llena.

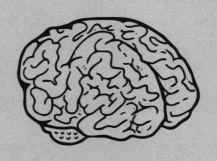

Eres libre de cambiar
de opinión.

ACTÚA AHORA.

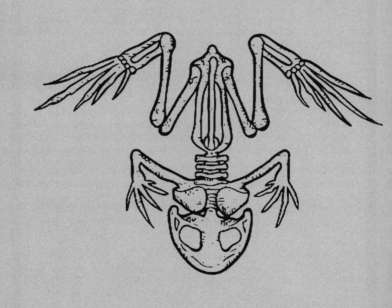

El oráculo no puede
ayudarte en esta
ocasión.

Ahora mismo
tu poder es inmenso;
úsalo con sabiduría.

Siempre puedes
cambiar de parecer.

137

Cuidado con los que
se atreven a desdibujar
tu magia.

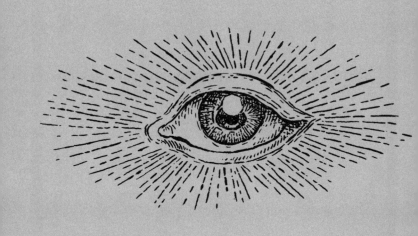

No te apresures;
a veces es mejor
caminar que correr.

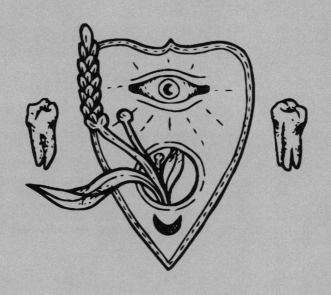

EL TIEMPO
LO DIRÁ.

NO HAY UNA MANERA MANERA EQUIVOCADA DE HACER NADA.

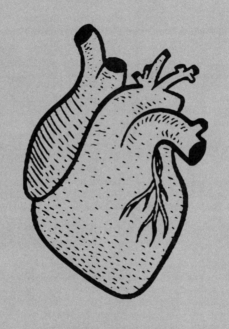

Hoy tu horóscopo
guarda un mensaje
importante para ti.

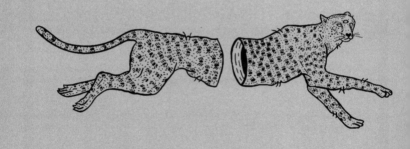

El oráculo te sugiere que
modifiques tu rutina
para provocar grandes
cambios y alterar
energías.

Esta vez, tu instinto
está en lo cierto.

MERECES
UN CAPRICHO.

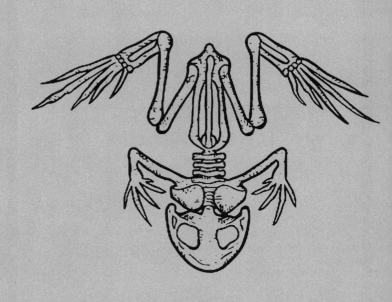

No siempre
te sentirás así.

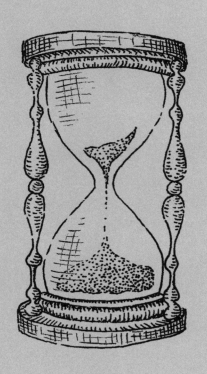

Todo está
en constante evolución.

MUY PRONTO
TODO HABRÁ
VALIDO LA
PENA.

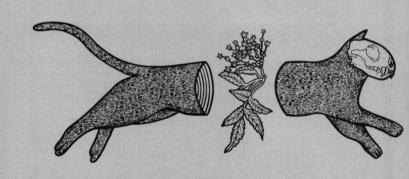

GRANDÍSIMA
RECOMPENSA
A LA VISTA.

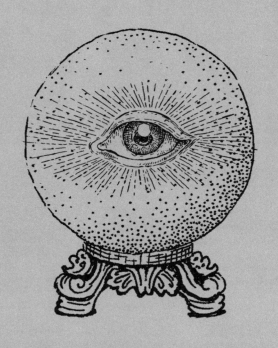

El oráculo dice:
Pregunta de nuevo
y esta vez concéntrate
bien en qué ayuda
deseas.

Si no te sientes de
acuerdo, entonces la
respuesta es no.

RETO PARA
TU INTUICIÓN:
UNA MALETA

¿Qué significa
una maleta para ti?

¿Cómo conectas
con esta imagen?

Si te encallas, en la página 508 encontrarás
algunas ideas.

Para estar bien
alineado, empieza
siempre preguntándote:
«¿Me estoy siendo fiel?».

MÁS GRATITUD
=
MÁS DICHAS.

ES
RECOMENDABLE
UN VIAJE.

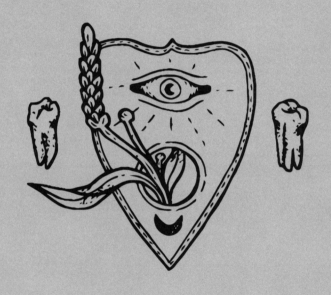

Manifiéstate más allá de tus sueños. Cierra los ojos y visualiza cómo será la vida cuando todo lo que deseas se haga realidad.

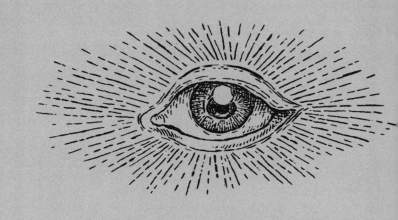

Sigue haciendo lo que
haces, nunca sabes
a quién inspiras.

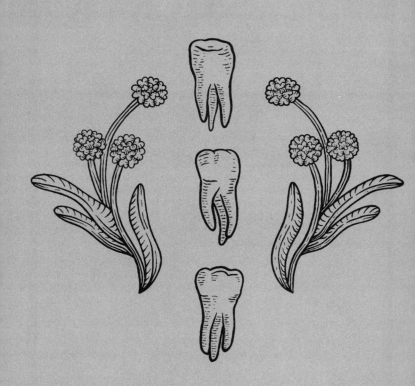

Define tus intenciones
con precisión.

La versión previa de ti mismo está orgullosa de ver dónde has llegado.

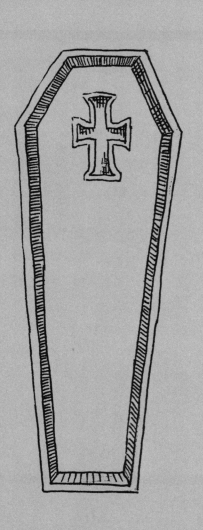

RETO PARA
TU INTUICIÓN:
UN ATAÚD

¿Qué significa
un ataúd para ti?

¿Cómo conectas
con esta imagen?

Si te encallas, en la página 508 encontrarás
algunas ideas.

MÍRATE EN EL ESPEJO Y DI TRES VECES:

Soy un imán y me encanta
atraer felicidad,
éxito, prosperidad,
paz y magia abundante
a mi vida.

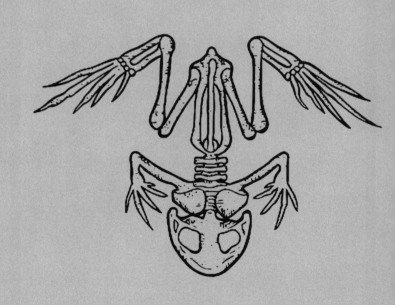

ESTA PÁGINA ES
UNA SEÑAL
DE ALARMA.

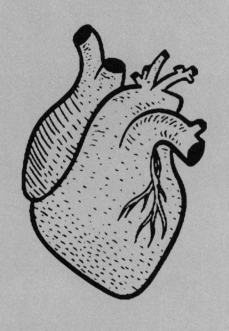

RETO:

Ámate tanto como
quieras que otra persona
te ame.

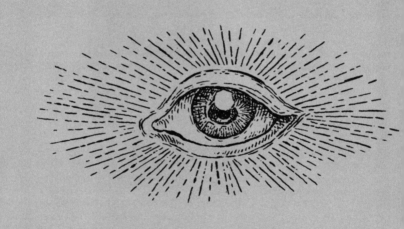

El oráculo desea recordarte que algunos de los mejores días de tu vida todavía no han pasado.

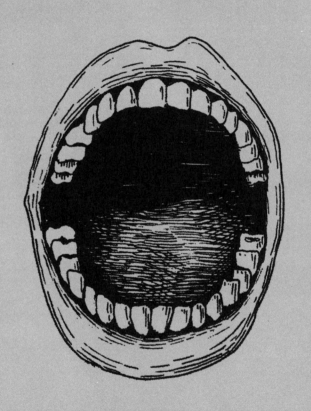

Cuando no puedas
controlar lo que ocurre,
proponte controlar
cómo reaccionas.
Aquí es donde
encontrarás el poder.

Gozas del poder de modificar energías. Recuerda que allá donde vayas, estés con quién estés, tu energía mágica aporta valor y esplendor a tus compañías.

RETO PARA
TU INTUICIÓN:
UNA BALANZA

¿Qué significa
una balanza para ti?

¿Cómo conectas
con esta imagen?

Si te encallas, en la página 509 encontrarás
algunas ideas.

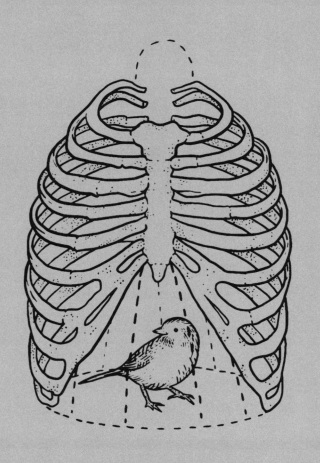

ES HORA
DE SOLTAR ALGO:

1. Cierra la mano derecha formando un puño y colócala sobre el corazón.

2. Cubre la mano derecha con la izquierda.

3. Cierra los ojos.

4. Pronuncia 10 veces en voz alta:

   > «Dejo ir lo que no me sirve,
   > doy la bienvenida al amor».

Confía en las
vibraciones que recibes.

Recuerda:
la energía no miente.

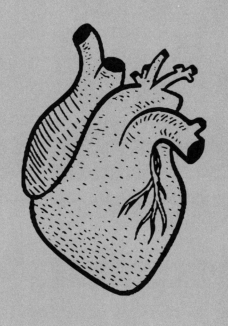

EL ORÁCULO DESEA BRINDARTE UN ROMANCE

Este hechizo funciona tanto si tienes
una relación como si estás soltero.

NECESITAS

dos artículos que formen pareja (como un salero
y un molinillo de pimienta, unos palillos de
comida oriental, un cuchillo y un tenedor, etc).,
cinta o cordón rosa

1. Coloca los dos objetos elegidos a unos
30 cm (12 in) de distancia y ata cada
uno con un extremo de la cinta rosa.
Durante cinco días, acércalos un poco
cada día, ajustando la cinta cada vez,
hasta que se toquen.

2. Déjalos atados siete días; en este
tiempo, el amor habrá entrado en tu
vida.

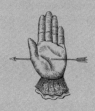

HECHIZO PURIFICADOR

En ocasiones, hay entidades negativas que se nos enganchan, y podemos ser conscientes de ello o no. Pueden provocar que nuestra energía se estanque o hacernos sentir cansados. Su presencia puede retrasarnos, bloquearnos la creatividad o incluso escondernos cosas como las llaves. Has llegado a esta página porque es probable que hayas estado experimentando este tipo de cosas. Purifica tu hogar y notarás la diferencia.

NECESITAS
cuatro rodajas de limón, sal, un plato

1. Si sabes de dónde procede la energía negativa, dilo en voz alta frente al plato con las rodajas de limón. Si no, pasa al siguiente paso, sin problema.

2. Cubre completamente el limón con sal.

3. Por las manos por encima del plato y di:

> «Con el poder
> para deshacer,
> absorbe el limón
> las energías negativas
> y entes sin bienvenida.
> Secado con aire y sal,
> me libra de ruina y mal.
> Libre, dichoso y feliz:
> que me vean y me sienta así».

4. Déjalo en un lugar seguro durante siete días (sobre un armario o en un estante, donde no moleste). Si pasados siete días todo se ha secado y el limón se ha endurecido, el hechizo ha surtido efecto.

5. Si el limón ha enmohecido, debes repetir el hechizo.

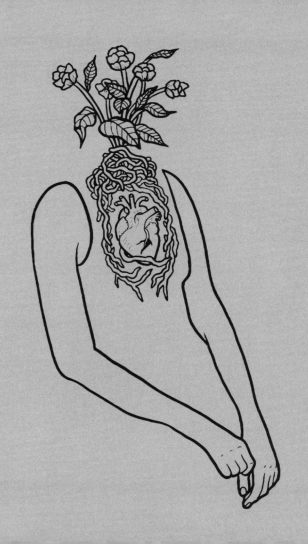

PIDE UN DESEO

Tu deseo está listo para ser cumplido.

NECESITAS

una hoja fresca grande (no olvides pedir permiso
a la planta o el árbol antes de cogerle una hoja),
un rotulador negro

1. Escribe el deseo en la hoja con el
    rotulador.

2. Pon la hoja en un lugar seguro.
    Cuando empiece a secarse, devuélvela
    a un árbol grande: desmenúzala y
    ofrécela de nuevo a la tierra de la base
    del árbol.

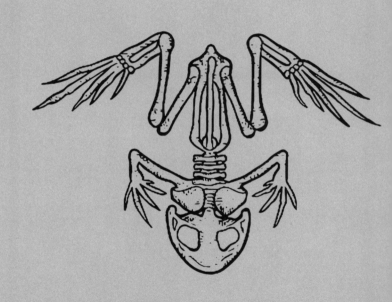

HAY QUE ELIMINAR ENERGÍAS NEGATIVAS

Un problema te está frenando
y consume tu energía.

NECESITAS

un zapato viejo, un rotulador negro

1. En la suela del zapato, escribe el problema con el rotulador negro.

2. Cálzate el zapato y golpea el suelo.

3. Salta, pisa con fuerza: ¡atrévete a hacerlo con cierta agresividad si lo necesitas!

4. Luego, quítate el zapato y tíralo a la basura, lejos de tu casa.

LLAMADA AL VALOR

Tu falta de valor es lo que te detiene para conseguir tus objetivos. Esto puede impedir que fructifiquen tus intenciones. Si notas que tus manifestaciones tardan, pregúntate si eres lo bastante valiente como para asumir el poder de lo que pides. Los clavos de olor son una asombrosa ayuda: aportan la valentía y seguridad que ahora precisas.

NECESITAS

un puñado de clavos de olor, un bol, un trozo de tela roja o un sobre rojo para envolver los clavos

1. Pon los clavos en el bol y déjalo en el alféizar de una ventana, si es posible, orientada al este, o en otro lugar donde reciba un poco de sol.

2. Pronuncia estas palabras de encantamiento sobre los clavos:

    «Clavos mágicos,
    dadme valor para mi andanza.
    Fe y confianza,
    llegad a mí y no me dejéis».

3. Cuando el sol se ponga, envuelve los clavos con la tela o mételos en el sobre.

4. Llévalos en el bolsillo o en el bolso durante una semana.

RETO PARA
TU INTUICIÓN:
UN PÁJARO

¿Qué significa
un pájaro para ti?

¿Cómo conectas
con esta imagen?

Si te encallas, en la página 509 encontrarás
algunas ideas.

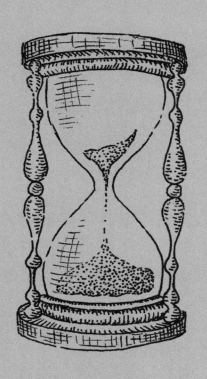

VUELVE A
PREGUNTAR
MAÑANA.

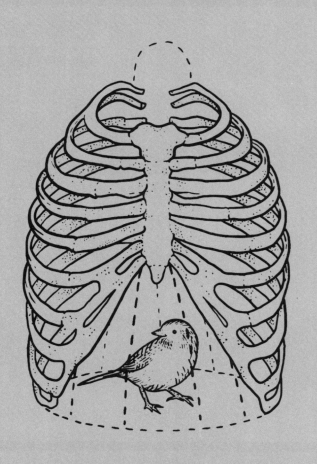

Posees el don de sanar.
Tienes el poder de
modificar la energía
de una estancia. Sabes
hacer sentir seguras y
bien consigo mismas a
las personas.

Acepta esta parte
mágica de ti y comparte
esta energía: el mundo
necesita más personas
como tú.

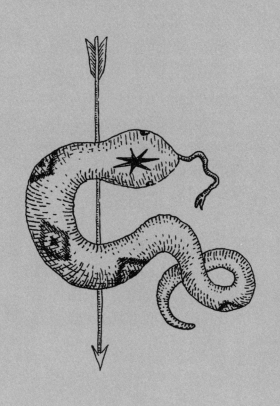

El oráculo necesita
un descanso;
vuelve a preguntar
dentro de 10 minutos.

DA TIEMPO
AL TIEMPO.

222

Has sido enviado
aquí para valorar el
equilibrio de algún
aspecto de tu vida.

Puede ser en relación
con amistades, tu pareja
o el trabajo.

Si la energía ha sido
pesada, venir a parar
aquí es señal de que está
a punto de aligerar.

223

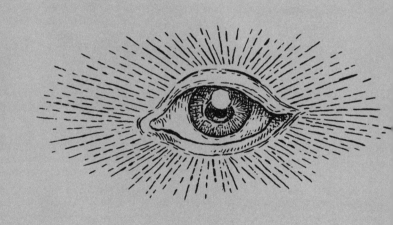

EL ORÁCULO
DICE QUE NO.

Una vieja amistad
desea saber de ti.
Llámala para compartir
un recuerdo feliz.

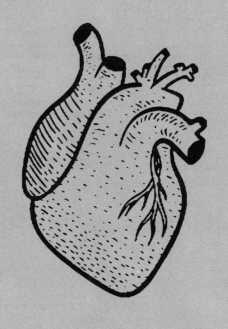

EL ORÁCULO PIDE
QUE CONECTES
CON EL COLOR ROSA

La correspondencia mágica del color rosa te
llama a conectar con el poder mágico del amor.
Puede tratarse de amor romántico, por los
amigos o incluso autoestima.

El oráculo aconseja que practiques el optimismo
y el amor a ti mismo.

Para conectar con la energía del rosa, puedes
llevar prendas de color rosa, o pintarte con
esmalte de uñas o barra de labios rosa. Lleva este
color y recuerda todas las veces que las cosas han
resultado en tu favor.

Piensa en las personas a quienes quieres
y en lo que amas de ti mismo.

1. Programa la alarma para 10 minutos.
   Cierra los ojos y visualízate rodeado
   de un aura esponjosa de color rosa.

2. Escucha una voz amable que te anima
   con cariño durante los 10 minutos.

VE MÁS DESPACIO.

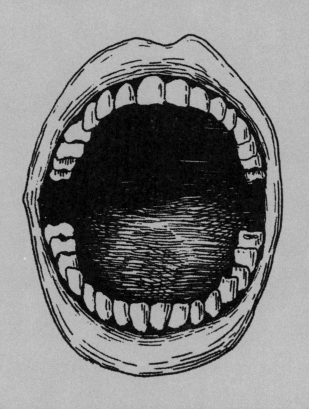

Es hora de exponer
tus opiniones...

RETO PARA
TU INTUICIÓN:
UNA BALANZA

¿Qué significa
una balanza para ti?

¿Cómo conectas
con esta imagen?

Si te encallas, en la página 509 encontrarás
algunas ideas.

EL ORÁCULO PIDE
QUE CONECTES CON
EL COLOR AMARILLO

En el ámbito de la magia, el amarillo es el color de la
abundancia y la felicidad. Trabaja con este color para
inspirar tu creatividad, eliminar bloqueos y abrir
el camino hacia nuevas oportunidades.

1. Para conectar con este color, puedes vestir una
    prenda amarilla, atarte cuerda amarilla a la
    muñeca, encender una vela amarilla o comprar
    flores amarillas.

2. Al trabajar con este color, sintoniza con la
    energía inspiradora del sol, siente su calidez y
    nota que estás en armonía con la magia del color
    amarillo.

REPITE ESTE MANTRA:

«Color amarillo,
inspírame con felicidad,
alegría y creatividad.
Te siento, amarillo de la luz del sol,
y todos verán la magia de tu color».

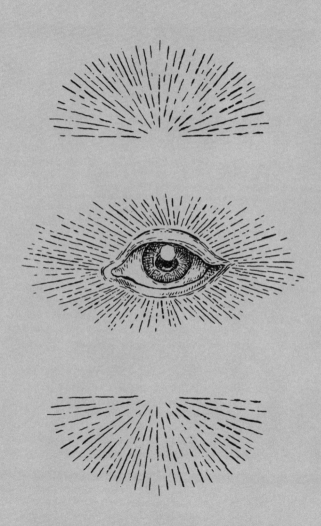

Invierte en tu futuro.

Cada vez que te duchas,
visualiza la limpieza
de tensiones, tristezas,
desesperanzas y
arrepentimientos.
Nótalo.

Deja que todo se escurra
por el desagüe.

Sal de la ducha más
ligero y limpio.

VUELVE A
PREGUNTAR.

SÍ,
SÍ,
SÍ.

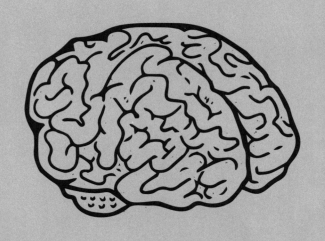

Recuerda:
la voz que escuchas
en tu cabeza
ERES TÚ.

RETO PARA
TU INTUICIÓN:
UNA RUEDA

¿Qué significa
una rueda para ti?

¿Cómo conectas
con esta imagen?

Si te encallas, en la página 509 encontrarás
algunas ideas.

MUERTE
=
RENACIMIENTO

RENACIMIENTO
=
MUERTE

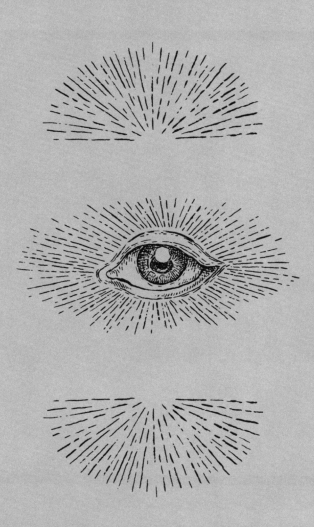

¿QUIÉN SOY?

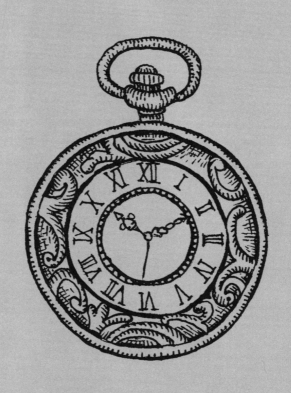

RETO PARA
TU INTUICIÓN:
UN RELOJ

¿Qué significa
un reloj para ti?

¿Cómo conectas
con esta imagen?

Si te encallas, en la página 509 encontrarás
algunas ideas.

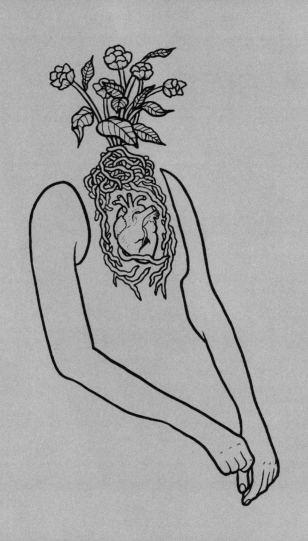

SOY _____

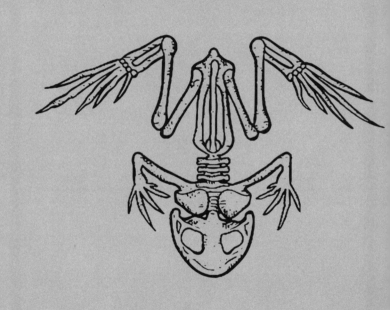

Hay que fijar límites
y respetarlos.

AUMENTA TUS EXPECTATIVAS.

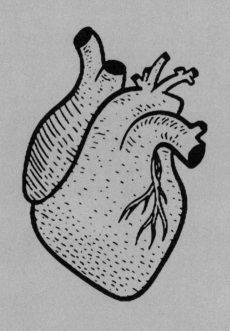

Espera que todo lo que
has pedido empiece
a aparecer de formas
inesperadas.

Ámate tanto
como quieras
que te amen.

Lógico no significa
necesariamente
beneficioso.

Las viejas narrativas no van con tu nueva vida.

¿Lo que te sucede por dentro es tan estupendo como lo que muestras por fuera?

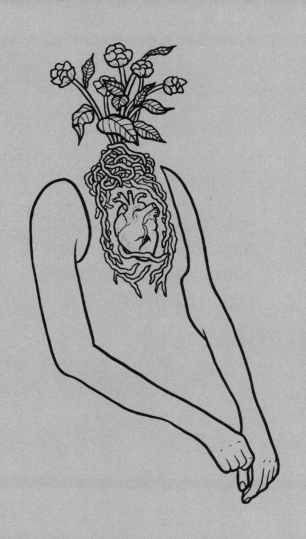

Se irán presentando las
mismas lecciones hasta
que te hayan enseñado
lo que necesitas saber.

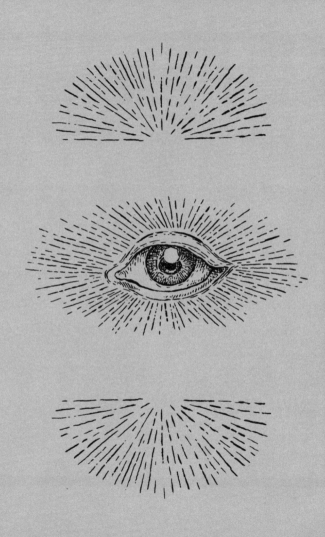

Cambia las cosas:
ponte una prenda que
habitualmente no
vestirías; come algo
que no comerías;
ve una película que
no verías; cambia
tu rutina matinal.

Provoca cambios
sencillos para movilizar
energías estancadas.

MANIFIESTA
EXPANSIÓN.

EL ORÁCULO PIDE
QUE CONECTES CON
EL COLOR AZUL

La correspondencia mágica del color azul es
traer calma y curación. Eres guiado hacia la
curación profunda y la paz interior.

Si la vida ha sido ajetreada últimamente,
sintoniza con las vibraciones relajantes del color
azul para darte un respiro.

El oráculo quiere que sepas que el perdón libera
tu corazón.

Recuerda que el perdón puede ser personal:
no hace falta ponerse en contacto con quien te
haya violentado.

Cierra los ojos e imagínate rodeado
de una luz azul.

REPITE EL MANTRA

«Poseo el control sobre cómo me siento,
y elijo sentirme en paz».

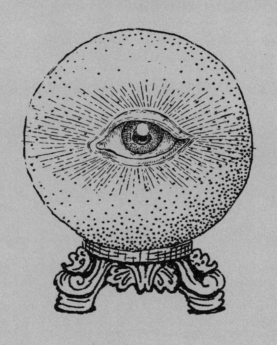

ESTA PÁGINA TE
DA LUZ VERDE
(GRANDE,
BRILLANTE,
DE NEÓN).

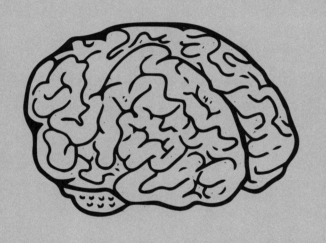

Ahora te será útil
adoptar una perspectiva
diferente.

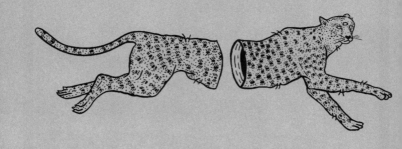

USA
TU PODER.

Todo va a salir bien;
el universo te está
preparando el camino.

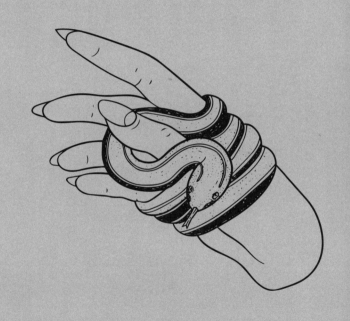

¿Cómo estás
expandiendo tu mente
ahora mismo?

Tu esfuerzo pronto
hallará recompensa.

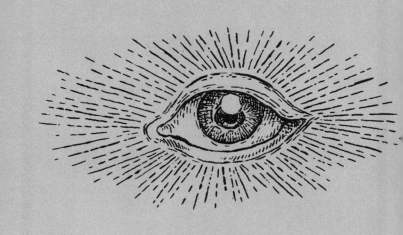

No pierdas de vista
los premios.

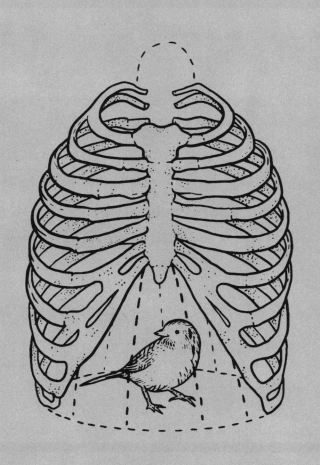

Esto es solo
el principio.

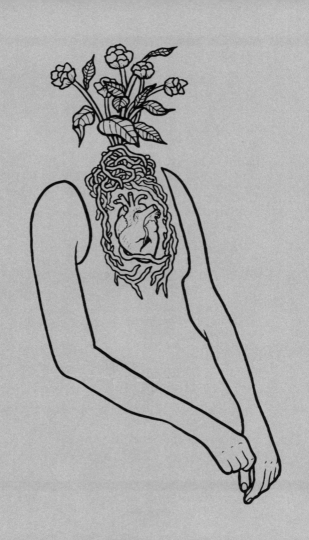

COMPARTE ENERGÍA CÓSMICA

Deja una nota simpática para un desconocido, en un sobre dirigido a «Querido Desconocido».

Puedes dejarla en cualquier sitio: el parabrisas de un coche, un asiento del autobús, una taquilla del gimnasio o colgada de un árbol. Si no se te ocurre nada, escribe:

«Querido Desconocido:
Solo quería recordarte que eres importante, posees luz y añades valor al mundo».

«Querido Desconocido:
Recuérdalo siempre: eres una fuerza cósmica».

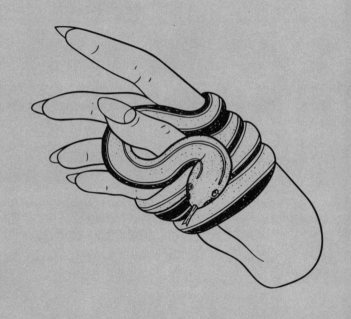

Esa sensación
que tienes es acertada.

Cierra los ojos e
imagínate en el
futuro celebrando
tus intenciones
fructificadas.

Recorre el camino a la
inversa para ver cómo
lo consigues. Ahora ya
sabes qué debes hacer.

Imagina que ya has llegado. Cierra los ojos y observa, huele, saborea, siente.
Es tu logro.

RÍNDETE.

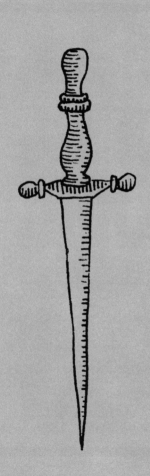

Deja
de posponerlo.

Deja de temer
tu potencial.

Vierte amor en ti mismo
y, a su vez, el universo
verterá amor en ti.

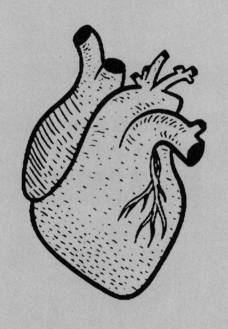

Tu corazón se está
recomponiendo
y sanando en
profundidad.
Respeta el momento
y ten paciencia
contigo mismo.

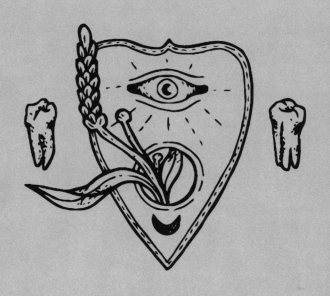

El amor que envías al mundo se nota, y muy pronto volverá a ti multiplicado por diez.

Es momento de dejar
de mirar atrás y
empezar a centrarte
en lo que está por
llegar. Reconoce que lo
superado te ha enseñado
muchas lecciones.

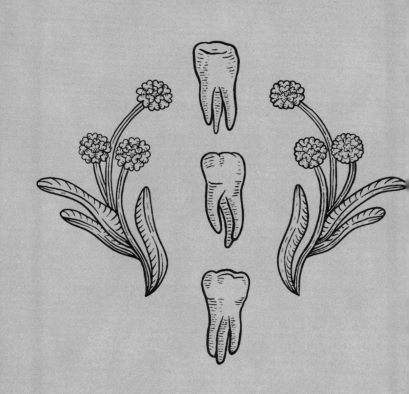

Recuerda que no hay luz
sin oscuridad.

Deja de decir que sí
por obligación.

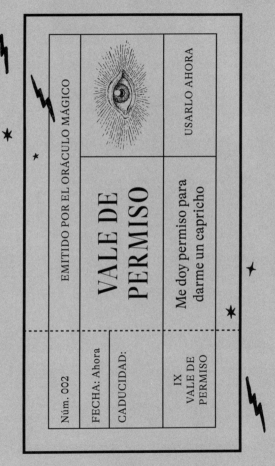

EMITIDO POR EL ORÁCULO MÁGICO

VALE DE PERMISO

Me doy permiso para darme un capricho

USARLO AHORA

Núm. 002

FECHA: Ahora

CADUCIDAD:

IX
VALE DE PERMISO

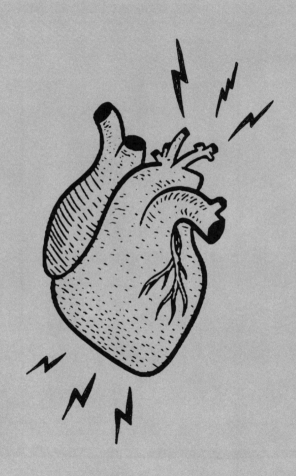

Conquistas más
corazones de los
que crees.

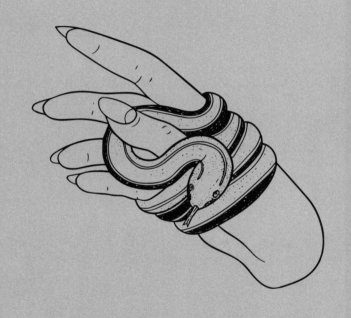

No has de tenerlo
todo controlado.

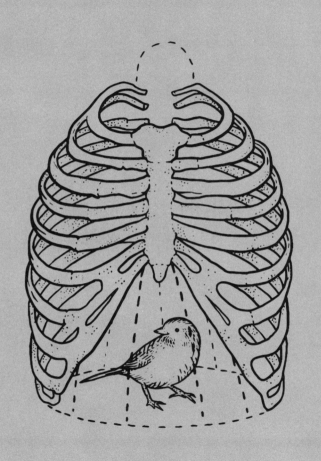

CUIDADO CON LA TENTACIÓN.

Cuidado con las
opiniones externas.
En esta ocasión,
guárdate tus ideas
y planes para ti.
Su validación está
en tu interior.

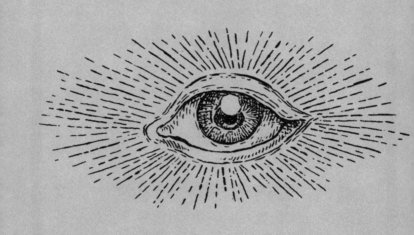

333

Este número te pide
que no te rindas.
Sigue. Se avecinan
grandes cambios
en tu vida.

Si has trabajado para
llegar a una meta,
su consecución está
en camino.

PREGUNTA
A UN AMIGO.

Pronto celebrarás
una gran victoria.

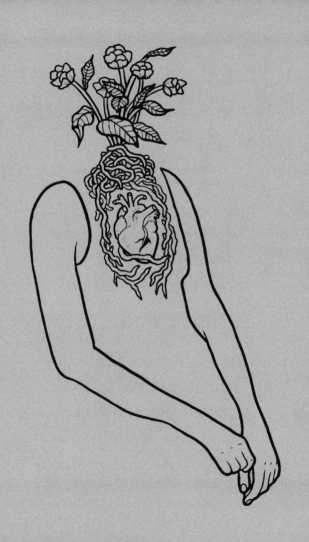

Ahora estás
experimentando un
crecimiento espiritual.

Tal vez sientas que ya no
hay espacio para ciertas
amistades, creencias
o viejos patrones
mentales negativos.

Sigue adelante; debes
saber que estás creando
espacio para nuevas
personas, maneras
y energías asombrosas.

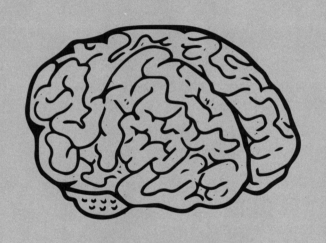

Sustituye las
discusiones que tienen
lugar en tu cabeza por
conversaciones llenas
de amor, compasión
y apoyo.

RETO PARA
TU INTUICIÓN:
UN PÁJARO

¿Qué significa
un pájaro para ti?

¿Cómo conectas
con esta imagen?

Si te encallas, en la página 509 encontrarás
algunas ideas.

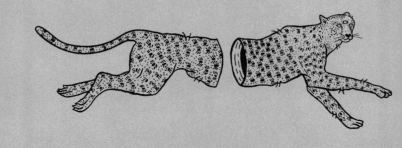

EL ORÁCULO DICE:
CORTA, CORTA, CORTA

Puede haber situaciones o personas
de las que deseas alejarte.

NECESITAS

un trozo de papel blanco, un bolígrafo, medio
limón, tijeras, cerillas o un mechero (opcional)

1. En el papel, escribe tu nombre con
    letras grandes y, a su alrededor, anota
    lo que deseas apartar. Tal vez a un
    ex, un maleficio, deudas, energías
    negativas, lo que se te ocurra.

2. Luego exprime zumo de limón sobre
    las hojas de las tijeras y corta las
    palabras separándolas de tu nombre.
    Al cortar, nota la sensación de alivio
    al alejar de ti lo que no deseas.

3. Ahora corta las palabras en trocitos.

4. Puedes quemarlos o tirarlos
    a la basura.

5. Pon el trozo de papel con tu nombre
    en tu altar o un lugar seguro.

No te preocupes por hacerlo todo enseguida. Relájate, a la larga serás más productivo.

No te conformes
con un segundo lugar.

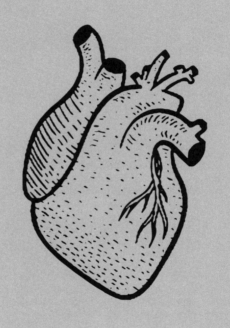

REPARTE AMOR

Repartir amor y hacer sentir bien a los demás
fomenta una energía mágica llena de buenas
vibraciones. Al compartir amor y amabilidad,
el efecto dominó extiende las buenas sensaciones
por todo el mundo.

Tu reto consiste en encontrar a una persona
hacia la que sientas gratitud y escribirle una nota
en la que digas lo agradecido que estás
por tenerla en tu vida.

Puedes enviar un correo electrónico, un mensaje
de texto o, mejor aún, hacerlo a la vieja usanza
y mandar una carta o una postal.

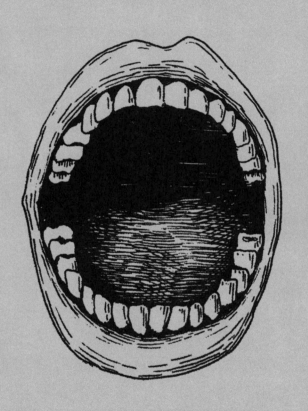

Celebra tus 10 últimas victorias... Dilas en voz alta para que el universo te oiga.

Haz ESO que rehúyes. ¿Sabías que evitar hacer algo requiere tanta energía mental como llevarlo a cabo? Esta es tu señal para que lo hagas y dejes espacio para la MAGIA.

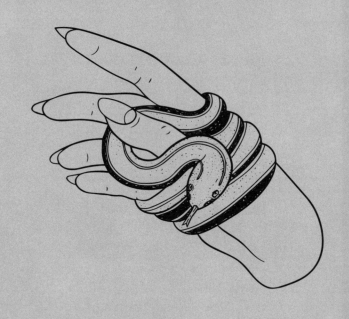

DEBES SABER
QUE NO HAY LÍMITES

Para darte cuenta de ello, haz lo siguiente:

1. Siéntate en un lugar tranquilo y cierra los ojos.

2. Inspira hondo.

3. Espira.

4. Con el ojo de la mente, visualiza un techo sobre tu cabeza.

5. Imagina que tienes un mazo en la mano.

6. Mira al techo, que representa las limitaciones que te pones.

7. Visualiza que rompes el techo con el mazo.

8. Al hacerlo, siente que las limitaciones desaparecen, los bloqueos se eliminan; invita a entrar a la inspiración y la valentía.

9. Observa el cielo a través del techo roto.

10. Sé consciente de que EL CIELO ES EL LÍMITE.

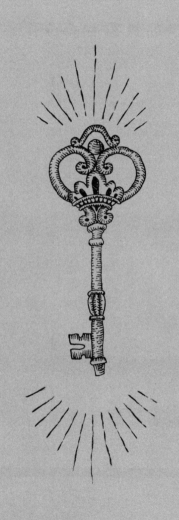

RETO PARA
TU INTUICIÓN:
UNA LLAVE

¿Qué significa
una llave para ti?

¿Cómo conectas
con esta imagen?

Si te encallas, en la página 509 encontrarás
algunas ideas.

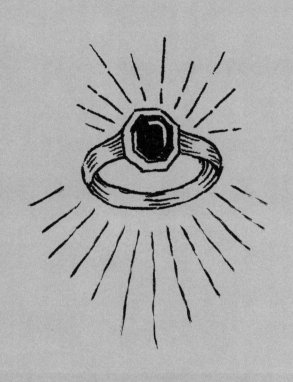

Ponte un anillo
en el dedo anular para
activar e inspirar
tu creatividad.

Reconoce lo que ofreces
al mundo; nota el
impacto de tus dones en
tus amigos, familiares
y otras personas.
Tu energía ejerce su
efecto no solo en la
comunidad que te rodea,
sino también en el resto
del mundo. Esto se debe
al efecto dominó, que te
da poder para esparcir
vibraciones positivas
y mágicas allá
donde vayas.

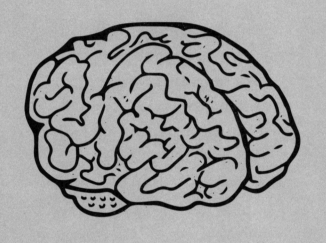

Es posible que tengas
una visión de cómo
deseas que salgan las
cosas, pero has llegado
a esta página para
que pienses
¡A LO GRANDE!

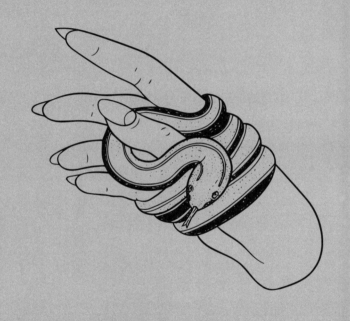

Quédate a solas.
Tómate un momento sin
más energía que la tuya:
apaga el móvil y date
un respiro de las redes
sociales. En silencio,
entra en tu interior.

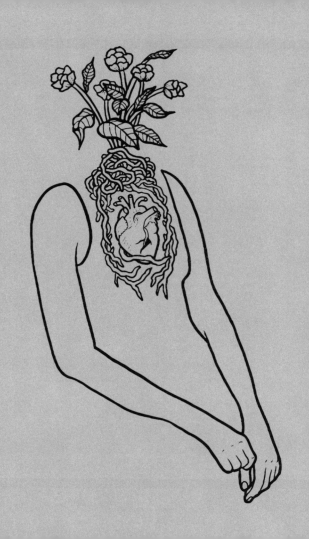

POR EL PODER DEL TRES, TU DESEO SE CUMPLIRÁ

NECESITAS

tres hojas de laurel, un bolígrafo o lápiz,
papel sulfurizado, cerillas o un mechero,
un plato metálico

1. Escribe el mismo deseo tres veces en tres hojas de laurel.

2. Envuélvelas en papel sulfurizado.

3. Quémalas en el plato metálico.

4. Esparce las cenizas por la entrada de tu casa, listas para dar la bienvenida a tus deseos.

Deja de conformarte
y empieza a bailar al
son que tú toques.
Es momento de hacer
las cosas a tu manera.

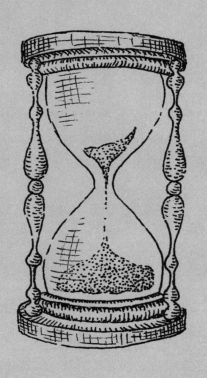

Cierra los ojos y observa
ante ti tu imagen con
18 años de edad.

Dile lo que necesita
saber.

DEVOLVER
AL REMITENTE

✦

Es hora de devolver las malas vibraciones a su
fuente. Pueden proceder de alguien que conozcas
o tratarse de vibraciones negativas que flotaban
en el ambiente y se te engancharon.

NECESITAS

una vela, cerillas o un mechero, un espejo,
salvia o romero secos

1. Pon la vela en el alféizar de una
   ventana con el espejo detrás, hacia el
   exterior.

2. Enciende la vela y repite tres veces:

«Energía negativa, refléjate en el espejo
y hacia tu origen marcha de regreso».

Deja que la vela se queme hasta el final,
luego quema algunas hierbas purificadoras,
como salvia o romero.

PAZ INTERIOR
A LA VISTA

Es posible que hayas vivido un desacuerdo o que
alguien te haya violentado o herido. Si deseas
hacer las paces pero sin hablarles, puedes hacerlo
así y garantizar tu paz interior.

1. Siéntate en un lugar tranquilo y cierra
    los ojos. Imagina un espacio natural:
    una cima, una playa, un bosque u otro
    lugar.

2. Con la imagen en mente, visualiza
    tu yo superior caminando desde un
    extremo, y el yo superior de la otra
    persona andando hacia ti. Observa
    el encuentro de ambos en el medio
    e imagina que hablan. Es una
    conversación completa que abarca
    todos los puntos que deseas resolver.

3. Abre los ojos. Te sentirás en paz con
    la situación que te perturbaba.

Ponte un anillo en el dedo meñique para lograr una mejor comunicación.

ES HORA DE LIMPIAR EL MÓVIL

Tal vez hayas recibido una llamada negativa; algo de las redes puede haberte afectado; o quizás hayas recibido una llamada o mensaje que te ha perturbado. O puede que se trate de una adicción al móvil que te impida dejar de consultarlo.

Los móviles pueden enviar vibraciones tóxicas que transmiten negatividad hacia nuestro campo energético.

1. Apaga el móvil y sostenlo en las manos mientras dices tres veces:

   «Energía negativa de este terminal,
   con pura luz blanca te destierro.
   Las llamadas y los mensajes enviados
   con mal, reiníciate ahora y devuélvelos.
   Envuelto en rayos de protección,
   que solo mantenga este dispositivo
   buenas conexiones en positivo».

2. Luego cierra los ojos y visualiza una luz blanca purificadora que te sale de las manos y rodea el móvil.

3. Puedes volver a encender el móvil, ahora reiniciado espiritualmente.

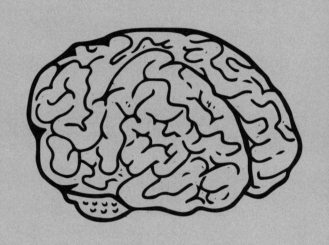

PANEL MENTAL DE CONTROLES CÓSMICOS

1. Cierra los ojos y visualiza una cabina de nave espacial. Observa todos los botones, palancas, indicadores y diales ante ti.

2. Mira con atención y descubre que cada control lleva una etiqueta. En una dice «ansiedad», en otra «miedo». Un dial es para la «autoestima» y otro indica «felicidad».

3. Ahora fíjate en lo que marca cada indicador, desde cero, o nivel bajo, hasta diez, o nivel alto.

4. Cuando te formes una visión clara, empieza a reajustarlos. Baja la ansiedad a dos, sube la autoestima a diez. Toca y reajusta todos los controles.

5. Cuando estés listo, abre los ojos. Puedes cerrar los ojos y sintonizar con este panel de controles cósmicos cuando lo desees.

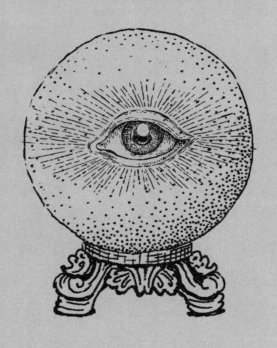

Observa hoy la belleza
que reside en TODO.
Todo. Es. Bello.

ENCIENDE UNA VELA, FORMULA UN DESEO, MIRA LA LLAMA Y DI:

«Llama mágica de brillo ardiente,
bendice los deseos pedidos.
Vela mágica, para mi deleite,
haz que todos me sean concedidos».

ESPERA
MILAGROS.

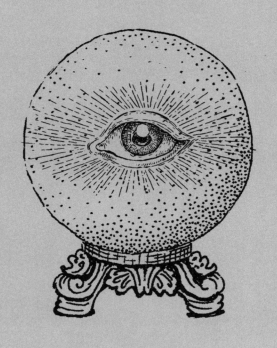

Alguien te mira
y desearía poseer
lo que tú tienes.

YA SABES QUE PUEDES SACARLO BAILANDO, PERO AHORA VAS A INTEGRARLO BAILANDO

Vas a elegir tu canción
para manifestaciones mágicas.

1. Elige una canción que te anime y te invite a mover el cuerpo.

2. Ahora escoge una de las manifestaciones más importantes que deseas.

3. Pon la canción y visualiza que se manifiesta lo que deseas.

4. Pon la música alta y cierra los ojos, y piensa la intención completa al son de la música.

5. Al bailar, siente la energía que te rodea, la vibración creciente.

6. Esta es ahora tu canción para que se manifiesten deseos. Cada vez que la pongas, baila e imagina lo que quieres atraer.

Duerme con un
manojito de mejorana
debajo de la almohada
para soñar con el amor
que viene hacia ti.

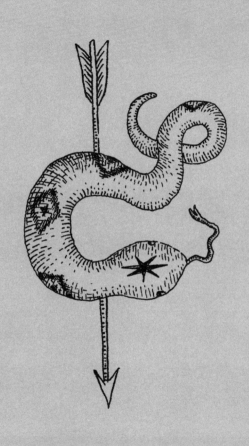

Pela una pera de un tirón de modo que la piel completa forme una tira. Tírala al suelo y revelará la inicial de la próxima persona de quien te enamorarás.

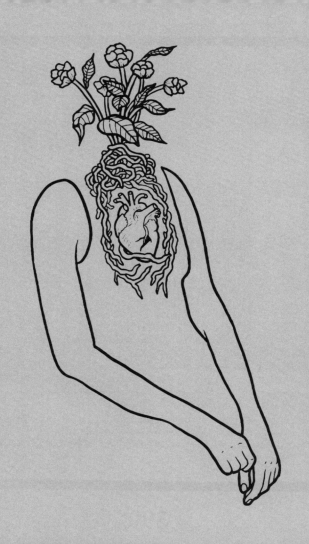

Cuando reconocemos nuestra suerte, nuestra frecuencia vibracional se ELEVA. Escribe tres ocasiones en que hayas experimentado suerte.

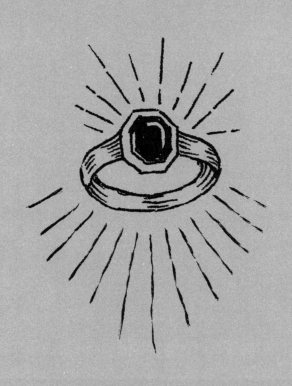

Ponte un anillo en
el dedo índice para
potenciar tu autoestima.

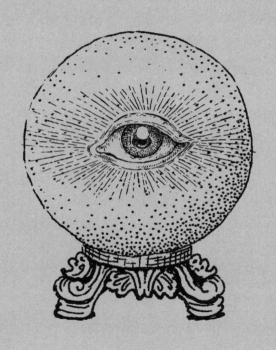

BUSCAS UNA RESPUESTA QUE SOLO CONTESTARÁ UN HECHIZO MÁGICO

NECESITAS

una hoja de papel blanco, un bolígrafo, una vela, cerillas o un mechero

1. Escribe tu pregunta en una hoja de papel, luego esculpe la primera letra de cada palabra de la pregunta en la vela.

2. Enciende la vela, quema el papel y, cuando la vela se haya consumido, tendrás tu respuesta. (Puedes encenderla de nuevo durante siete días si es necesario).

Quizás hay algo o alguien que deseas congelar un tiempo. Escribe el problema o el nombre de la persona en un trozo de papel y mételo en el congelador. Déjalo allí congelado el tiempo necesario.

PRECISAS PROTECCIÓN

NECESITAS

un tarro de cristal, un puñado de clavos, agua

1. Llena el tarro con los clavos y rellena con agua.

2. Déjalo en un lugar oscuro durante una semana o hasta que los clavos se empiecen a oxidar.

3. Cuando el agua esté algo oxidada, echa un poco fuera de la casa para que te proteja o mójate los dedos con ella antes de un enfrentamiento.

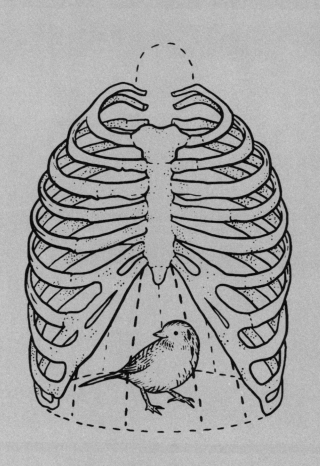

HAZTE UNA PEQUEÑA PROMESA PARA INTRODUCIR UN RITUAL DIARIO EN TU VIDA

1. Puede ser algo tan simple como beber un vaso de agua al levantarte cada día o practicar la escritura libre cada mañana.

2. Prométete hacerlo cada día durante los próximos 30 días.

3. Anota un recordatorio en la agenda para comprobar cómo ha ido dentro de 30 días.

Debes saber que no eres
el único que se siente
como un impostor.

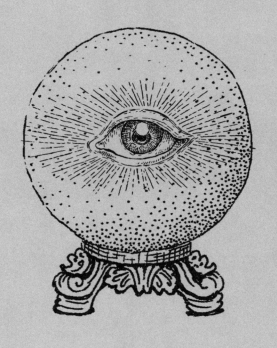

Confía en la cronología divina de las cosas. Los retrasos, obstáculos, frenos y rodeos pueden ocurrir por una razón.

Presentarte allí es todo
lo que debes hacer.

Para obtener un
resultado distinto,
fíjate en tu manera de
reaccionar.

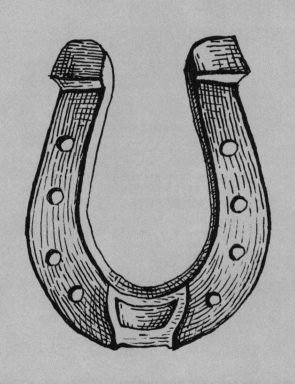

SUERTE A LA VISTA

El oráculo dice que te va a tocar la suerte.
Es hora de aumentar tu dicha.

NECESITAS

un bol o cuenco grande, manzanilla

1. Prepara una infusión de manzanilla.
   Mientras reposa, remueve en el
   sentido de las agujas del reloj,
   programándola con aquello para lo
   que deseas que te traiga suerte.

2. Cuando se haya enfriado, báñate las
   manos en la infusión y visualiza la
   suerte que deseas que la manzanilla
   te traiga.

(La manzanilla trae buena fortuna.
También puedes mojar la entrada de tu casa con
la mezcla para bendecirla con buena suerte).

Si notas que alguien está afectando tu energía, relájate y consuélate, porque no tienen ni idea de quién te está protegiendo.

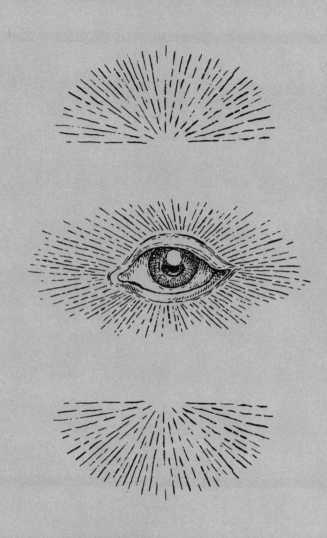

Repites
comportamientos
dañinos.

Pregúntate por qué.

ERES
UN ESPEJO.

425

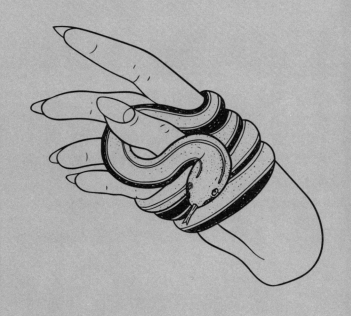

SÉ
TÚ MISMO.

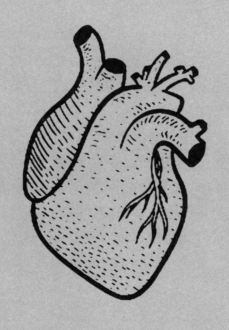

Con la oscuridad
llega la luz.

Conecta con tus
sombras: enciende
una vela para tu lado
oscuro, compréndelo y
demuéstrale compasión.

Recuerda: el universo
nunca te traerá nada
que no seas capaz
de gestionar.

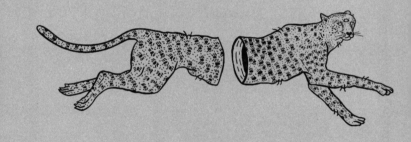

ES MOMENTO DE SOLTAR

La culpa y la ira que cargas te impiden avanzar.

NECESITAS

una hoja de papel blanco, un bolígrafo,
una vela negra, cerillas o un mechero, sal

1. Escribe tus preocupaciones en un
   papel y dóblalo tanto como puedas.
   Nota cómo se minimizan tus
   inquietudes al doblarlo.

2. Luego, enciende una vela negra
   orientada al norte y quema el papel
   con la llama.

3. Mezcla las cenizas con la sal para
   purificarlas.

TU PRÓXIMO PASO ES VITAL.

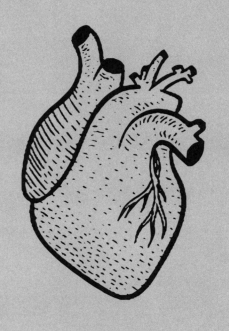

ESCUCHA
TU CORAZÓN.

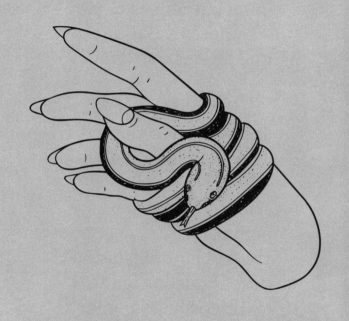

El elemento del aire se lleva lo viejo y trae lo nuevo. Piensa en qué quieres dejar ir y qué deseas que llegue.

Elabora una lista de las cosas que ya no te proporcionan felicidad.

Orientado hacia el este, quema la lista; luego haz otra con las alegrías que deseas que los vientos mágicos hagan volar hacia ti.

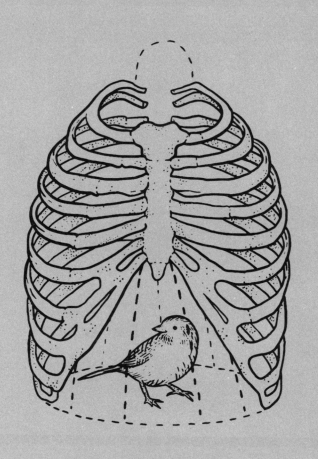

Sé fiel a ti mismo
y todo encajará.

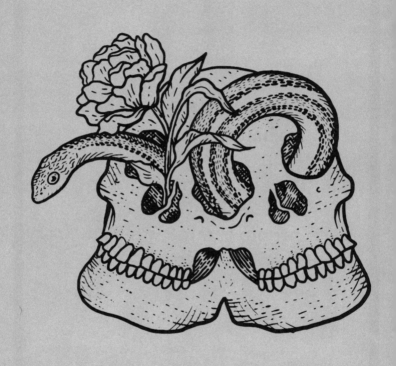

Trátate bien, las cosas
no han de costar tanto.

Deja de compararte con
los demás: tú estás en tu
propio camino, y ellos,
en los suyos.

444

El oráculo dice: LUZ VERDE,
¡ADELANTE, ADELANTE!

Estos números de página indican
que no tienes nada que temer.

Los números 444 son para decirte
que confíes en el lugar donde te
hallas y en lo que estás haciendo.

Significan que cualquier acción
que ahora se realice resultará un
enorme éxito para ti.

La música es la respuesta.
Pon tu canción preferida y baila.

Sin prisas, a veces es mejor caminar
que correr.

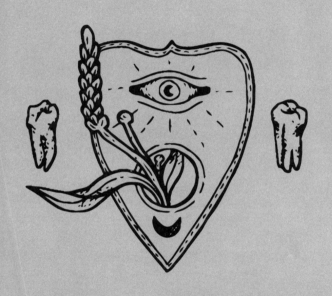

445

Los patrones se repiten
hasta que se han
aprendido las lecciones.

NECESITAS PENSAR
CON CLARIDAD

Debes prestar atención.

NECESITAS

un trozo de papel, un bolígrafo,
hojas de menta secas

1. Métete en el bolsillo un bolígrafo y papel. Echa unas hojas de menta seca en los zapatos y sal a caminar con el móvil desconectado.

2. Mientras caminas, pide ser conducido en la dirección correcta o piensa en las preguntas que tengas.

3. Absorbe tu entorno: observa los olores, lo que ves, lo que escuchas, y busca señales.

4. Puedes detenerte y anotar algo que te parezca relevante.

5. Al regresar a casa, tendrás una visión más clara que antes de salir.

El recogimiento y la
soledad te llaman.
Evita lugares ruidosos
y disfruta inmóvil y
en paz. Reclínate
y rejuvenece.

Estás poniendo
excusas.

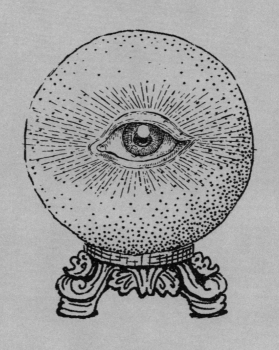

CONTRASTA
LOS HECHOS.

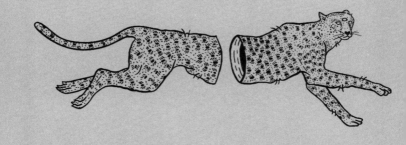

MODIFICAR PATRONES
+

REPROGRAMAR
LA PREDICTIBILIDAD
=

UN RESULTADO
DIFERENTE

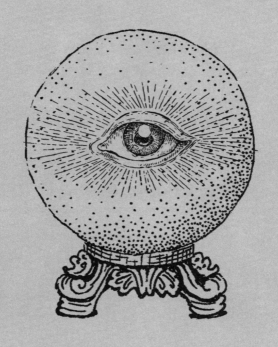

TIENES EL PODER
DE HACER MAGIA.

RECUERDA
LA FÓRMULA:

INTENCIÓN + ACCIÓN

=

MAGIA

Añade una pizca de tomillo y una pizca de mejorana en un tarro de miel para inspirar tu creatividad. Bendícelo bajo la energía de la luna nueva. Despiértate por la mañana y toma una cucharada, luego escribe en tu diario. Haz esto durante siete días y tu creatividad se pondrá en marcha.

ENCIENDE UNA CERILLA Y OBSERVA EL HUMO:

1. Si sube, la energía está limpia.

2. Si va hacia el norte, confía en tu sabiduría.

3. Si va hacia el sur, es necesaria una sanación.

4. Si va hacia el este, la energía está cruzando.

5. Si va hacia el oeste, sintoniza con tus emociones.

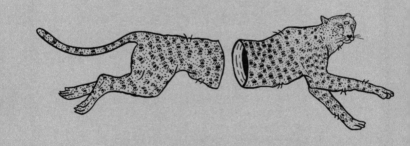

EL VALOR DE CORRER UN RIESGO ESTÁ AHORA A TU FAVOR

NECESITAS

una vela blanca, aceite de oliva o de almendra, tomillo seco, cerillas o un mechero

1. Unta una vela blanca con un poco de aceite (de oliva o almendra es ideal).

2. Haz rodar la vela sobre el tomillo seco.

3. Enciende la vela y contempla la llama. Al observarla, piensa en alguien que se haya arriesgado y le haya salido bien. Puede ser un conocido o una persona a quien admires; alguien que conozcas, un amigo de un amigo o un famoso.

4. Al observar la llama, imagina la cara de esa persona y sintoniza con su energía.

5. Cuando te sientas conectado con esta energía, pídele la valentía para arriesgarte con lo que tienes en mente.

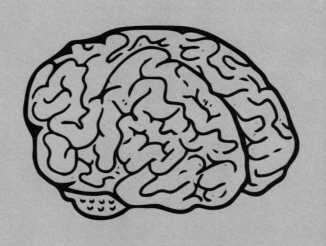

JUEGO
DE ESCAPADA

1. Ponte cómodo, cierra los ojos y visualiza tu hogar. Dedica unos momentos a pensar en el espacio y en lo bien que lo conoces.

2. Mientras observas todo lo que te resulta familiar, te percatas de una puerta que no habías visto nunca.

3. Dirígete a ella y ábrela.

4. Detrás hay un espacio que no sabías que existía. Siente la sorpresa por esa puerta que siempre ha estado ahí y tú desconocías.

5. Camina por la habitación e inspecciónala. Admira la belleza de su interior. Observa los detalles, los colores, el mobiliario; nota la increíble energía de este espacio. Quédate un rato, absórbela.

6. Debes saber que puedes volver a esta habitación cuando quieras.

OBJETOS PERDIDOS

Es posible que hayas perdido algo recientemente,
y el oráculo desea ayudarte a encontrarlo.

NECESITAS

dos espejos pequeños, dos lamparillas
o dos velitas con plato, cerillas o un mechero

1. Dispón los espejos de modo que
   ambos reflejen hacia el exterior.

2. Enciende las velas a ambos lados
   de los espejos. Visualiza los espejos
   enviando luz y guiándote hacia el
   artículo perdido, y luego visualiza
   el artículo perdido dirigiéndose hacia
   los espejos.

3. Haz lo mismo a lo largo de los días
   siguientes, visualizando de nuevo.

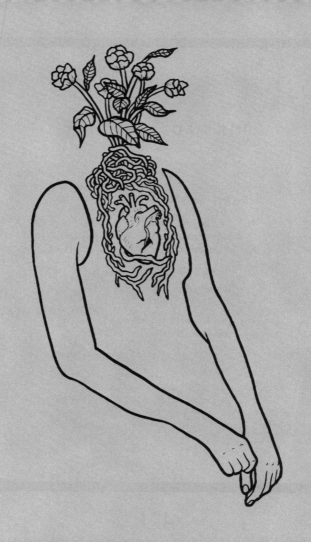

TARRO DE GRATITUD

NECESITAS

tiras de papel, un bolígrafo, un tarro vacío

1. Escribe en 10 tiras de papel cosas por las que te sientas agradecido y mételas en un tarro.

2. Añade unas cuantas tiras cada día.

3. Cuando lleves 30 días haciéndolo, escribe una página de deseos.

4. Pon el papel con los deseos en el tarro con todas las cosas que agradeces. Deja el tarro en el exterior toda la noche para que se cargue con la luna llena.

5. ¡Espera a que tus deseos se hagan realidad!

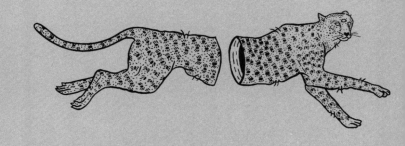

NECESITAS
REEQUILIBRARTE

Posiblemente lleves un tiempo experimentando indecisión o confusión. A menudo nos sentimos así cuando hemos perdido el equilibrio.

Cuando nos reequilibramos, el cuerpo se centra, cosa que nos confiere un mayor nivel de confianza, y gozamos de una visión más clara.

Para recuperar el equilibrio y el arraigo:

1. Toma una pizca de sal y de tierra, y mézclalas en el sentido de las agujas del reloj.

2. Esparce un poco de esta mezcla sobre cada pie y mantente derecho con los brazos a ambos lados.

3. Mécete adelante y atrás y de lado a lado unos minutos, de modo que las plantas de los pies toquen el suelo.

4. Nota la energía de este hechizo empujando tus pies hacia abajo para que arraiguen con firmeza.

RECUERDA:
TODO ES ENERGÍA

1. Siéntate cómodamente, con ambos pies en el suelo. Une las palmas de las manos y frótalas unos 20-30 segundos (o hasta que se calienten).

2. Poco a poco, separa las manos y, cada vez que las separes, acércalas de nuevo un poquito. Notarás una sensación de energía que se va formando entre tus manos.

3. Al seguir haciéndolo, piensa que estás creando la forma de una bola. Dedica un rato a moldear esta bola de energía.

4. Proyecta en tu mente una intención, dísela a la bola y luego lánzala al mundo.

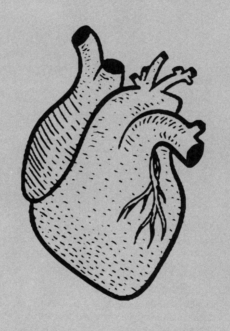

AMOR INCONDICIONAL ETERNO

Deja que tu intuición te guíe hacia el amor incondicional más mágico

1. Cierra los ojos e imagina cómo sería recibir el cariño más cálido e incondicional que jamás hayas sentido.

2. Ahora visualiza el ser que irradia este amor mágico hacia ti. Puede tratarse de una persona, un animal, alguien que haya fallecido, medio hombre/medio gato, un gorila ¡o incluso un alienígena! Acepta el primer ser que se te ocurra.

3. Ahora observa cómo te mira y sonríe. Nota el amor en su mirada: te adora, desea lo mejor para ti. Ve todo tu potencial y para él nada de lo que hagas estará mal.

4. Cuando te hayas formado una imagen clara del ser, pregúntale cómo se llama. Entonces deja que te cubra de cumplidos, los tiene en abundancia.

5. Absorbe todas las cosas maravillosas que dice de ti. ¡Abrázalo si lo deseas!

6. Debes saber que puedes llamarlo cuando necesites cariño o ánimos. Solo has de cerrar los ojos y lo verás.

EL ORÁCULO DESEA QUE CONECTES CON EL ELEMENTO MÁGICO DEL AGUA.

EL AGUA PURIFICA Y DA PAZ

1. Colócate mirando hacia el oeste y sujeta un vaso con agua.

2. Piensa en un aspecto de tu vida que precise limpieza y sanación.

3. Pon las manos sobre el vaso y di:

   «Agua, la paz que busco tráeme.
   Limpia, purifica y cura
   de mi cabeza a mis pies».

4. Bebe el agua. Siente su energía de magia limpiadora que te refresca y purifica.

Pon una flor amarilla
debajo de tu almohada
para recuperar
tu energía.

Para abrir el camino,
carga una llave con la
luz del sol y luego úntala
con aceite de girasol.

Duerme con la llave
debajo de la almohada
y te traerá inspiración
para descifrar
tus sueños.

HABLA COMO UN ÁNGEL:

Cuando los ángeles hablan, son dulces. Amables, cariñosos y cuidadosos.

Promete hablarte así durante las próximas 24 horas.

EL ORÁCULO PIDE
QUE CONECTES CON
EL COLOR ROJO

En el mundo de la magia, el rojo invoca la pasión
y el poder. Conecta con la energía mágica del
color rojo y atrae tu superpoder para desatar
tu pasión.

Quizás te has sentido poco inspirado o quizás tu
deseo sexual ha sido escaso. Acude al rojo para
disipar estas vibraciones apagadas, y despertar
excitación y fervor. Para ello, usa algo de color
rojo: una prenda de ropa, barra de labios, una
vela (si enciendes una vela roja, hazlo orientado
hacia el sur, que es la dirección del fuego).

Al encender la vela o ponerte ropa roja,
pronuncia este mantra tres veces:

«Color rojo: tráeme
poderío y pasión.
Despierta mi voluntad y mi arrojo.
Acepto el ardor
que trae la magia del rojo.
Bendigo su color
con la autoridad del tres.
Y rojo es mi poder».

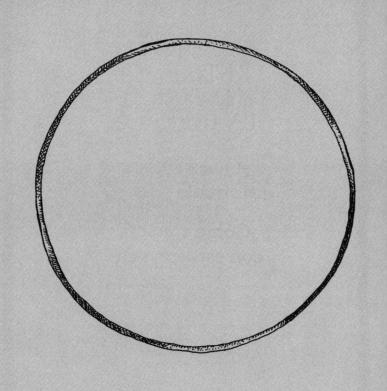

RETO PARA TU INTUICIÓN: UN CÍRCULO

¿Qué significa un círculo para ti?

¿Cómo conectas con esta imagen?

Si te encallas, en la página 509 encontrarás algunas ideas.

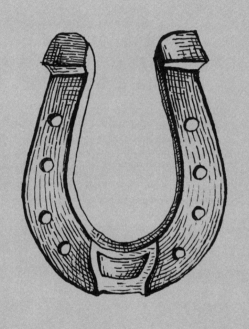

EL ORÁCULO PIDE
QUE CONECTES CON
EL COLOR NARANJA

En el mundo de la magia, el naranja se relaciona
con la vitalidad y el valor; trae suerte y potencia
la ambición. El oráculo debe haberte dirigido
hasta aquí porque tal vez precises levantar el
ánimo y poner en marcha energías estancadas
para conseguir tus objetivos.

Deja que las propiedades mágicas del naranja
te inyecten entusiasmo.

Llama al naranja vistiendo una prenda de este
color o atando un trozo de hilo naranja en
tu muñeca. O come una naranja con la firme
intención de obtener algo concreto de su color.

EL ESPÍRITU DE
LA CURIOSIDAD
TE LLAMA

¿Sobre qué querrías
saber más?

¿Qué inspira
tu curiosidad?

Aprender cosas nuevas
te aportará energía
nueva y la pasión que
has estado deseando.

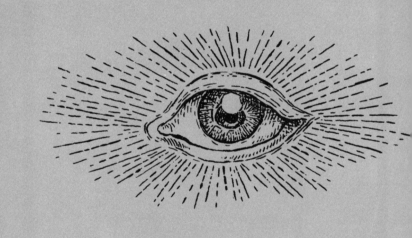

MANTÉN TU FE.

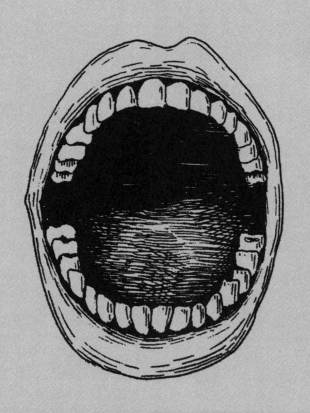

TRAE A LA EXISTENCIA LAS MANIFESTACIONES QUE DESEAS

Queda con un amigo —en persona o por teléfono— y habla como si estuvieras en el futuro.

1. Decide el momento del futuro en que deseas estar (de seis meses a un año es lo ideal).

2. Habla de las cosas que tienes en marcha en ese momento de tu vida. Explica cómo se manifestaron tus deseos y sueños.

Nota: este es un ejercicio comprobado, por lo que es bueno cuidar bien los detalles. Prepara a tu amigo para que sea tu cómplice.

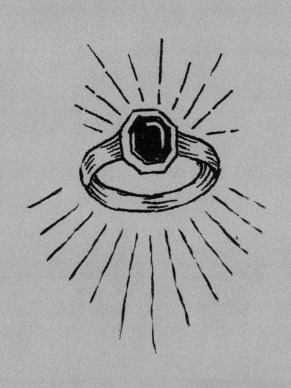

Ponte un anillo
en el dedo corazón
para ayudarte
con la ansiedad.

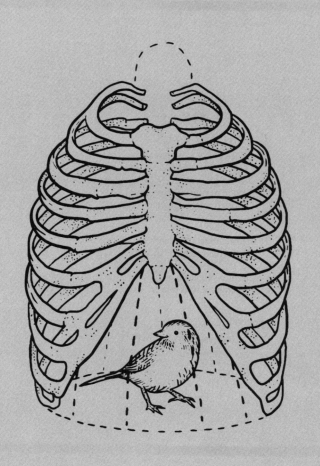

EL ORÁCULO PIDE
QUE CONECTES CON
EL COLOR BLANCO

Esto te permitirá ganar claridad y arrojar luz
sobre un problema u obstáculo para el que
las esperabas.

El oráculo te guía para conectar con el blanco,
purificar tu energía e invocar la verdad.

Cuando salgas de la ducha, ponte ropa blanca
y quema hierbas purificadoras como la salvia
o el romero.

Proponte fijar una nueva intención
(una que nunca te hayas formulado).

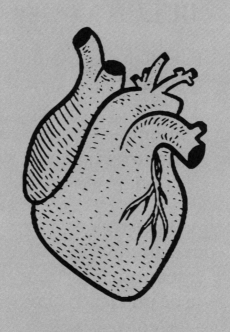

MAGIA DE DULCE AMOR

Para llamar al amor, quema azúcar sobre un trozo de carbón orientado al sur. Mientras el humo viaja, di:

«Dulce azúcar que quemas con este calor, tráeme un amor que le dé un vuelco a mi corazón».

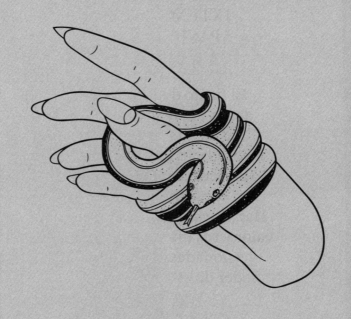

INTENCIONES APASIONADAS A LA VISTA

El fuego despierta el deseo y la inspiración. Crea un altar orientado hacia el sur, pon una vela (preferiblemente roja) en el centro del altar. Haz que se manifiesten el valor y tus intenciones más apasionadas al acudir al poder de este elemento.

Siempre existe otra
versión de la historia;
recuérdalo.

IDEAS PARA LOS EJERCICIOS DE INTUICIÓN

Bienvenido a esta lista de ideas. Puede que hayas llegado aquí porque te sentías incapaz de sintonizar con posibles significados del símbolo, o tal vez busques la confirmación de tu interpretación.

Antes de seguir leyendo, intenta pensar en lo primero que se te ocurrió al ver la imagen. Recuerda que la intuición es un instinto y, a menudo, las respuestas se encuentran en la reacción inmediata.

ANILLO

Devoción

Compromiso

Amor

Te pedirán que cumplas
una promesa

Integridad

MALETA

Libertad

Lo que hay que empaquetar
o desempaquetar

Pensamientos ocultos

Traslados

Viajes

ATAÚD

Un final y un comienzo

Hora de romper un hábito
negativo

Dejar atrás lo viejo

Aceptación

Desafío para hablar
de sentimientos difíciles

PUERTA

Transición de un lugar a otro

Finales y comienzos

Lo conocido y lo desconocido

Secretos y misterios

Poner mayor ahínco

Llamar a muchas puertas

Una nueva manera de hacer

CÍRCULO

Plenitud

Cumplimiento

Lecciones de vida

Tiempos difíciles

PÁJARO

Fuerza

Fertilidad

Protección

Productividad

Un mensaje importante
está en camino

RUEDA

Movimiento

Repetición de patrones /
romper patrones

Inicio de un proyecto
(ruedas en movimiento)

Momento para iniciar
un proyecto

Se acercan cambios rápidos

RELOJ

Estructura

Acelerar

Desacelerar

Mirar el horario

Una situación que no
se puede evitar

BALANZA

Transiciones

Estar abierto al cambio

Hallar el equilibrio

Hay que fijarse en las energías
femenina y masculina

Equilibrio laboral / personal.

Cuidar la salud

LLAVE

Nuevos comienzos

Límites

Desvelar el subconsciente

Logros

Despertar espiritual

Un hogar nuevo

ACERCA DE LA AUTORA

Semra Haksever es una bruja ecléctica.

Lleva más de 20 años fascinada practicando todo lo relacionado con la metafísica.

Semra cree que basta un salto hacia lo desconocido con un poco de magia para que se abran puertas hacia infinitas posibilidades. Confía en que es el primer paso para llenarse de energía y conseguir poderosas transformaciones.

Inspirada por esta creencia, en 2015 creó Mama Moon Candles, una colección a medida de velas, pociones y herramientas mágicas elaboradas con la intención de hacer accesibles la magia y los rituales a todo el mundo.

Semra dirige una tienda en Londres donde lleva a cabo rituales de luna y talleres de práctica de hechizos.

Este es su cuarto libro.

@mamamooncandles
www.mamamooncandles.com

AGRADECIMIENTOS

Gracias a Kate por brindarme esta magnífica
oportunidad y creer en mi magia.

Este libro está dedicado a las asombrosas
y valientes mujeres de mi vida, por su apoyo
e inspiración.

Mención especial para Mummy, Suwindi
y Cairine. Os quiero.

511

La edición original de esta obra ha sido publicada en
el Reino Unido en 2021 por OH Editions, sello editorial
de Welbeck Publishing Group, con el título

Instant Magic Oracle

Traducción del inglés: Gemma Fors

Diagonal, 402 – 08037 Barcelona
www.cincotintas.com

Primera edición: noviembre de 2021
Séptima edición: febrero de 2024

Impreso en España
Depósito legal: B 13213-2021
Código Thema: VXW (Misticismo, magia y rituales)

ISBN 978-84-16407-97-2